德国的细节

DEUTSCHE DETAILS

叶克飞 著

江苏凤凰文艺出版社
JIANGSU PHOENIX LITERATURE AND ART PUBLISHING, LTD

图书在版编目(CIP)数据

德国的细节 / 叶克飞著. —南京：江苏凤凰文艺出版社，2019.9

ISBN 978-7-5594-3608-5

Ⅰ. ①德… Ⅱ. ①叶… Ⅲ. ①文化研究—德国 Ⅳ. ①G151.6

中国版本图书馆CIP数据核字（2019）第072914号

书　　名	德国的细节
著　　者	叶克飞
责任编辑	孙金荣
特约编辑	邱涵斐　杜玉华
责任校对	张婉宜
出版统筹	孙小野
封面设计	金牘文化 · 车球
出版发行	江苏凤凰文艺出版社
出版社地址	南京市中央路165号，邮编：210009
出版社网址	http://www.jswenyi.com
印　　刷	山东岩琦印刷科技有限公司
开　　本	700毫米×1000毫米 1/16
印　　张	20
字　　数	243千字
版　　次	2019年9月第1版　　2020年1月第2次印刷
标准书号	ISBN 978-7-5594-3608-5
定　　价	59.00元

PREFACE

PART 1

城市公共意识来自悠久的文化积淀

如果说基础设施是一个城市的硬件，那么公民素质和公共意识就是一个城市的软实力。正是这种软实力成就了德国城市独特而鲜活的气质，当你靠近它，目之所及、行之所至都是岁月的留痕、生活的细碎和文化的积淀。

PART 2

全社会对工业的敬畏，成就了“德国制造”

大到飞机、汽车，小到一把刀、一支铅笔，其生产过程都深深刻上了“德国式精致”的印记。“德国制造”的百年口碑，靠的是精益求精的工匠精神，也离不开全社会对工业的重视。

PART 3
小政府，大社会

公民的安全感来自成熟而完善的社会保障体系，一个社会的底气来自人性化的税收和补贴，公共服务的精髓在于以人为本、深入群众。政府的服务细节，便藏在公民的一粥一饭、一举一动里。

PART 4

把细节当成生活，把生活过成细节

人作为经济生活的重要组成部分，其性格和行为深深影响着整个商业的面貌和发展脉络。从超市到跳蚤市场，从门店的装修到货物的摆放，从价格政策到选品原则，无一不体现着德国人的节俭、简约和务实。

PART 5

高速路设计上的科技和人性

高速公路是一个国家走向繁荣的桥梁，也是一个国家留给游客的第一印象。德国人的严谨、诚信和守规矩，深入高速公路建设的每个细节。无论是路的厚度、休息区的设置还是交通规则的制定，都包含着浓厚而鲜明的德国气质。

PART 6

大学教育：古老而开放，均衡而完善

蔡元培曾说："大学者，研究高深学问者也。"在德国，成熟完善的大学教育体系和包容开放的学术氛围，为研究高深学问者提供了最大限度的自由。

序言

细节在时间的研磨中熠熠生辉

有一年晚冬，我在中欧地区自驾，其中一段行程是由捷克城市拉贝河畔乌斯季前往德国迈森。这两座名不见经传的小城，都让我想起了童年。

那天中午，因为赶时间的缘故，一向得坐下来好整以暇地吃顿饭的我，选择在乌斯季城郊一条大街的面包店里买了几个面包，准备一边开车一边填肚子。从面包店走出来时，我抬头看了看马路对面，突感惊喜。只见一个个欧式庭院一字排开，房子占地都不小，院落也阔大，像极了我儿时生活过的青岛——我的外公外婆就住在这样一条街上，街上也是一个个欧式庭院，只是一栋楼里挤了七八户人家。

那时我还没想到，下一站迈森会比乌斯季更像青岛。

在我走过的德国小城中，迈森与青岛相似度最高，只是迈森没有海。从迈森老城的广场出发，一路沿坡步

易北河对岸的迈森，像极了我儿时生活过的青岛。

行，兜兜转转，经过许多街巷和童话般的小楼，便可到达山顶平台，著名的阿尔布莱希特城堡和大教堂都在这里。岩壁之上，教堂背后，还有一个观景台，从这里向下望去，可见到易北河以及被它划为两半的迈森老城。

流经迈森的这一段易北河并不宽阔，河对岸是沿着小山坡而建的各种民宅，清一色的红瓦斜顶，墙身颜色各异，高低错落。若将眼前的易北河换成大海，活脱脱就是儿时记忆中的青岛老城区。

那一刻，我才想到，从娃娃时代起，我就已经是个“德国控”。

我在青岛长大，直至 13 岁才跟着父母回到广东老家。那时，青岛的核心区域是旧时德国人所建，遍布欧式庭院，一栋栋老房子依坡而建，眺望大海。

那时不知这个城市的美，因为它是我眼中的全世界，没有对比，就没有美丑之分。我只管背着小书包，在一个个院子里游荡，爬墙爬树，捉虫打鸟。

后来，我离开了那里，并开始想念它，即使它在中国城市化大潮中被拆得七零八落。也正因为对青岛的想念，我喜欢上了建筑。当年德国人在青岛“因地制宜”的建城思路，在我眼中是审美的最高范式。再之后，便是对德国制造的推崇。

到了网络时代，德国成了一个被高度神话的国家，最“经典”的谣言当属“青岛下水道里被油纸包包好的螺丝”。这类显然是编造的故事，固然迎合了“德国制造靠谱”的心理需求，但却呈现了一个并不真实的德国。

那么，真实的德国是怎样的？只有亲身接触，一次次地接近才能有所感受，才能发现德国的细节。

我一向认为，自驾是出游欧洲、北美和澳大利亚、新西兰的最佳方式。首先，这些地方大多路网发达，即使是孤零零地住在山顶，政府也会把沥青路铺到家门口，而且道路状况好，交通设施齐备，这使得自驾快捷方便，免去在火车、地铁和电车间不停转换的烦琐，大大节省了时间。其次，因为时间被大量节省，行程计划的机动性将大大增强。原先你可能为了避免“拖着行李看风景”的痛苦，只能去一地住一地，行程十分机械，但自驾使你可以将车子当成行李存放点，白天在不同城市和景点间穿梭，晚上再进酒店住宿。自驾还能让你前往许多普通游客无法到达的地方，是体验当地文化的最佳方式。比如隐藏山间的古堡、火车未经的小镇、远远延伸到天际尽头的麦田，这些都是自驾旅游者的专属风景，无论你跟团游还是非自驾背包游，都很难体会。

而在欧洲大陆自驾，德国又是我心目中的最佳起点。这首先与地理位置有关，德国地处中欧，向北走便是北欧诸国，向西是法国、荷兰和比利时，向南则是瑞士、意大利和奥地利，并可由意大利或奥地利进入巴尔干半岛，向东则是波兰、捷克和匈牙利等国家，即使是前往罗马尼亚、保加利亚两国和波罗的海三国（爱沙尼亚、立陶宛、拉脱维亚），也不过数百公里。

更何况，德国还拥有法兰克福和慕尼黑这两大国际空港，此外，柏林、汉诺威、汉堡和杜塞尔多夫的空港也相当繁忙。你完全可以根据自己的行程需求选择合适的航班，下机后在机场提车，开启行程。如果行程中有瑞士和奥地利，那么慕尼黑机场自然是个好选择，若是想去法国，法兰克福机场也极为方便。

有人或许会说，如果你计划了一个包含德国、瑞士和奥地利的行程，那为何要选择慕尼黑机场，苏黎世机场不也是欧洲最大空港之一吗？这就牵涉到租车问题，根据我的经验，在欧洲大陆自驾，德国境内提车的性价比最高。比它便宜的，车子性能不如它，选择也少；性能能与之相比，选择也足够多的，价钱又往往高得多。就像德国位于欧洲大陆中心的地缘位置一样，在租车领域，它也是一个完美的平衡点。

更重要的是，一段旅途的初期往往会受时差影响，长时间乘机的疲惫需要时间消化，在德国驾车的顺畅与安全，恰恰可以帮助你度过这个适应期。而恰恰是“在路上”的种种感受，会让人真切感受到德国这个国家的特质：有秩序、严谨、温文却又不乏幽默感。

这也是德国能够再次崛起，并成为今日欧洲中心的奥秘。

也正因此，多年来我一次次将德国作为旅行的起点，既有以德国为重点的行程，也有仅仅将之作为“提车点”的行程。弯弯曲曲的国界和《申根协定》带来的便利，更是让我时常在旅途中有意或无意地“回到”德国。比如有一次，我从荷兰恩斯赫德前往小镇布尔坦赫，尽管起点与终点都在荷兰，可短短一百多公里的路程，却屡屡在德荷两国间穿插。有不少德国城市，便是在这样的旅途中与我相遇，比如拥有亚琛大教堂的亚琛市，便是我由比利时前往荷兰马斯特里赫特的途中特意停留之处。

就这样，我对德国细节的了解一点点加深。但我知道，我依然只是个游客。幸运的是，我有着尚算敏锐的触觉，能够在蜻蜓点水之中有所得，并写下这本小书。

从儿时眼里的青岛到现在看到的德国，细节在时间的穿梭中熠熠生辉。德国的细节便在时间的魔鬼手上。

PART 1

城市公共意识来自悠久的文化积淀

如果说基础设施是一个城市的硬件，那么公民素质和公共意识就是一个城市的软实力。正是这种软实力成就了德国城市独特而鲜活的气质，当你靠近它，目之所及、行之所至都是岁月的留痕、生活的细碎和文化的积淀。

自行车城，警察骑行完成公务

2004 年，在由联合国环境规划署和国际公园协会联合举办的“世界生活品质最高城市”评选中，德国明斯特市在 20 万到 70 万人口的城市中夺得金奖。该奖有 5 个参评标准：城市景观、历史文化遗产的管理、环境保护、公众参与和可持续发展，关于这 5 点，我在明斯特一一得见。

这座城市最古老也最动人的区域，当属大教堂广场。沿着它走向圣兰贝蒂教堂一带，便可见到一条石板路大街，两侧建筑的一层都是拱廊结构，因此人行道都在建筑之下，十分阴凉。在宽阔的石板路上，只能见到公交车偶尔经过，最常见的是自行车，许多人正在骑行，拱廊的每条柱子边几乎都停靠着自行车，露天的道路上也停放了不少。这让我想起当我经过明斯特大学时，教学楼边上也停满了自行车。

明斯特是德国有名的大学城，也是自行车城。明斯特大学始建于 1631 年，因缺少资金，在蹉跎 150 年后，才于 1780 年正式开始授课，为学校命名的是德国皇帝威廉二世。明斯特大学的规模在德国可排进前 5 位，当年的明斯特宫殿是今日大学内最显眼的建筑。

明斯特街头随处可见自行车。很多街道除了公共交通系统外，不允许其他机动车通行。

因为明斯特大学的存在，明斯特市内的年轻人十分之多，仅该校学生就占了总人口的 1/6。更值得一提的是，这个 30 万人口的城市居然拥有 50 万辆自行车，因此被称为“自行车之城”。据说警察都是骑自行车执行公务，火车站旁的自行车停车场也是德国最大的停车场，拥有 3500 个停车位。也正因为人们更多以自行车为交通工具，所以老城区内并不允许汽车通行。

这座城市还有一条著名的林荫散步道，于 1770 年修建，环绕整个老城，长约 4.5 公里，两侧种满了菩提树。这条路上每年都会举办 5 次跳蚤市场，可惜我无缘得见。

充满朝气与动感的自行车，竟与古城的沧桑相得益彰，使得明斯特独具美感。这更让我深信，将明斯特作为旅途中的一站是何等正确。在我走过的数十个德国城市中，明斯特的宜居显而易见，足以排名前 5。

绿色花园：燃烧棒、阳光屋、电池住宅楼

从斯图加特一带前往德西城市弗莱堡，接近目的地时，会经过一段蜿蜒山路。

那是一段很奇妙的体验，原本是艳阳高照的下午，不戴墨镜简直无法开车，可是突然间变得阴凉，天空仿似被两侧斜斜的高山所遮蔽，颇似黄昏。路边偶有民宅，就这样孤孤单单立于山路旁，连个围墙都没有。全程都静悄悄的，只有偶尔的风声和胎噪，那感觉就像在卡通片里误入仙境。山路盘旋，总让我觉得下一个转角能有奇遇。

后来我才知道，这段路就是传说中的黑森林。

途中常可见小溪潺潺，有些在山间洼地穿流，有些沿山崖流淌，即使只是一瞥，也知其清澈。

没承想，进入弗莱堡市区后，仍然可以见到这样的小溪在城市内穿流。在这个保持着中世纪风貌，大街小巷多是石板路的老城里，人工水渠几乎无处不在。刚开始以为是污水渠，可后来看到孩子们在渠里嬉戏，才发现里面的水极为清澈，原来是如假包换的山泉水。

别小看这条遍布全城的水渠，它不但有悠久的历史，而且见证了一座城市在环保和发展问题上的拉锯战。

900 多年前，弗莱堡的工匠们利用当地东高西低的地形，从黑森林的山上

清澈小溪遍布整座老城。

引来山泉，泉水在市区内穿流而过，最终汇入莱茵河。中世纪时，这些流经市内的泉水堪称“生命之泉”，除了作为生活用水和牲畜饮用水之外，更重要的职责是承担消防之用。一旦发生火灾，人们在家门口就能取水救火。自从有了这条水渠，弗莱堡从未发生过大规模火灾。

19 世纪时德国政府认为工业已然大发展，水渠已经过时，便将之遮盖。20 世纪 50 年代，汽车逐渐普及，一些有车一族更是认为水渠会造成交通隐患，表示要将之填平。但弗莱堡人强烈反对，留住了水渠。到了 20 世纪 70 年代，弗莱堡老城被辟为步行区，机动车之中仅有轨电车可以驶入。在政府保护之下，水渠变成了一条城市小溪，流水潺潺，当地人称它为 Bächle，有一个非常贴切的中文译法，叫作“拜溪乐”。

在弗莱堡，你随时可以见到有人席地而坐，一边聊天一边用手戏水，甚至直接捧水饮用。还有人走着走着就停下来，将瓶装啤酒放进小溪里降温。

这条城市小溪还有一个传说：如果游客不小心踩了进去，就会得到一位弗莱堡的伴侣。所以，梦想艳遇的人们多半都会踩上一脚。不过，我倒是更相信另一个传说：如果游客不小心踩进小溪，以后还会重访弗莱堡——这样一个注重生态的宜居城市，再来一次又有何妨？

弗莱堡有多宜居？数字可以为证。这座城市 50% 的土地属于自然风景区和保护区，超过 60% 的面积被森林覆盖。城区内有 20000 多棵行道树和公园绿化树木，大大小小的花园有 3800 多个。

傲人的数字背后虽然有黑森林眷顾，但如果肆意挥霍，弗莱堡也会变得满目疮痍。弗莱堡的可贵之处，在于它几十年前就已经是一座享誉欧洲的环保之城。

热衷环保的人都知道绿党，这是由环保非政府组织发展而来的政党，以

弗莱堡不仅森林覆盖率高，就连居民住宅也被绿色覆盖。

生态优先、非暴力、基层民主、反核原则等为政治主张。世界上最早的绿党诞生于 1972 年的新西兰，此后绿党在欧洲迅速扩张，最著名的就是德国绿党。德国绿党的发端就在弗莱堡。

20 世纪 70 年代，当时的西德联邦政府曾有意在弗莱堡旁边的小镇修建核电站，弗莱堡的大学生、反核主义者和环保主义者联合抗议，捍卫家园，最终获胜。这场运动也催生了德国绿党的诞生。

1986 年，苏联发生切尔诺贝利核电站事故，举世震惊。弗莱堡市议会当即决定放弃使用核能，并提出开发利用太阳能的计划。

如今，你走在弗莱堡的居民区里，抬头看看，会发现红瓦屋顶上全是太阳能光伏板。这里可是全德国太阳能应用最发达的地方，平均每位居民拥有 36.7kWP 的太阳光能容量，不仅是全德之冠，更在全球名列前茅。至于太阳能光电产业的产值，弗莱堡也位居德国之冠，还带动了大量就业。

政府鼓励环保的措施很多，弗莱堡市民如果想在自家屋顶安装太阳能光电板，可获得 10—20 年不等的 3%—4%低息贷款，以补助设备与施工成本，还能获得 20 年的电价优惠。

有意思的是，连酒店行业也投入其中。除了以太阳能发电实现能源自给外，当地不少宾馆还利用地下水循环系统保持夏日清凉，到了冬天，则会采用当地流行的高能木屑燃烧供热。

这个高能木屑很有意思，它其实是一种木屑压制而成的燃烧棒，这些木屑是当地家具厂和其他林木工厂在加工过程中产生的废料。经过处理后，高能木屑的燃烧效率非常高，据说一家酒店一年使用的高能木屑，也只会产生两盆灰烬。

在德国足球史上，弗莱堡队的战绩乏善可陈，在德甲、德乙间浮沉，成绩拿不出手。可德雷萨姆足球场仍有可观之处，这是世界上第一个采用太阳能的球场。

在弗莱堡，还有可随太阳旋转的阳光屋，有太阳能电池住宅楼。

关于弗莱堡的“环保”，不可不提垃圾处理。多年来，这座城市在气候保护、能源利用、交通规划和垃圾处理等方面都堪称德国典范。

在弗莱堡的大街上晃悠，两旁有不少橱窗漂亮的小店，难免让人流连。最吸引我的当然是书店和文具店，在一家文具店里拿了两本本子，精致可喜，触感也佳。买单时，儿子突然见到本子背面有个卡通人物倒垃圾的标志，觉得有趣，指给我看。店主看着一乐，跟我叽里呱啦说了一大堆。可是德语我们完全听不懂呀，再问问，才搞明白，这其实是当地一个小小的文创产品，呼吁正确的垃圾处理方式，而且这本本子就是用再生纸做成。再一查数据，真是不得了，原来弗莱堡现在 80% 的用纸都是由废纸回收再加工制成。

1991 年开始，弗莱堡执行非常严格的垃圾回收利用制度，采取各种物质刺激手段控制垃圾数量。比如对使用环保尿布的居民予以补贴，对少扔垃圾的住户降低垃圾处理费等。弗莱堡市居民每人平均抛弃的废物量，明显低于全州和全国水平。

如今在弗莱堡城郊，有一座著名的 TREA 垃圾处理站。2005 年开始，弗莱堡地区的不可回收垃圾都会被送来这里焚烧。这个垃圾处理站不但安全，而且环保，焚烧过程产生的余热可保证 25000 户人家的供暖。城市百分之一的用电，也来自利用垃圾发酵产生的热量。

在弗莱堡，从事环境相关工作的足足有 1 万多人，相关企业多达 1500 个，每年创造 5 亿多欧元的产值，这个环保经济做得实在够大。

从“桥屋”到“鸟屋”：宜居城市各有个性

埃尔福特最知名的景点是“桥屋”，最能体现宜居的地方恰恰也在这里。

“桥屋”是旅行攻略上的说法，指桥上有房屋。如果按音译，它应该译作克雷默桥，按意译，则译作商人桥。这是欧洲最长的带房屋的桥梁，最初是木制，1325 年重建，改为石桥。

这里堪称埃尔福特最美之地。桥屋横在河上，桥上是一栋栋紧挨着的 5 层房屋，外墙以木条装饰，是典型的德式风格。小河在我眼前流过，河水清澈，可以看到里面的青草，还有野鸭游过。我身处这一侧是一条石板路，也

桥上有房屋，心中多惬意。

可以视为观景台，河对岸是一小片草地，完全未加修饰，卷卷的杂草仿似毛毯，人们散坐在草地上，倚着蓝天下的大树，十分惬意。

几十米外又有一座小桥，可以通车，桥边有一栋白色房子，还有一栋形状有趣的褐色坡顶大楼。再不远处又有一座小桥，两侧都是典型的红瓦坡顶建筑。

穿过石板路和对岸的草地，一圈建筑围成一个小公园，有供大人休息的长凳，有供孩子们玩耍的木制滑梯、沙池和秋千。木制滑梯与秋千连在一起，款式一如我们平时所见，从自家小区到世界各地，这些游乐设施都差别不大。这里的木制滑梯年头已久，木头圆润光滑，但细看之后会发现，设施的接榫非常牢靠，铁钉上一点儿锈迹都没有，显然经常维护。沙池也分两种，一种是普通的沙池，还有一种沙池配上了几样东西，都是金属制成，有像水龙头一样的，还有风车轮一般的，可惜没有孩子在玩，少了“现场演示”。

冬日的和暖阳光下，大人们在长凳上聊天，孩子们在嬉戏，一派宁静。一位漂亮温柔的母亲低下身子与一对兄弟聊天，场面温馨动人。这个前东德城市曾经荒凉凋敝，如今已经成为前东德地区发展最好的城市之一。

沿着小街道三转两转，就来到了桥屋的另一面。它与面向大草地的那一侧并无太大区别，倒是桥洞上方那栋房子的一户阳台上，摆着一个齐人高的小丑玩偶，坐在阳台上，十分有趣。

小河、公园、草地、童话般的房子，这几样合起来，不就是宜居的最好诠释吗？

德国乡村民宅，不管是中产别墅还是农民宅院，都花了不少心思打理。即使冬日，仍可见绿意。若是夏天，那更是五彩缤纷，花花草草各司其职，从布局到修剪，处处有美感。即使只是在外面看看，也觉得有趣。

有一户人家，有大大的草坪，上面种着各种植物，中间是个小足球场，还有个小球门。两个孩子在玩球，看起来也就两岁左右，跑起来屁颠屁颠的。但最吸引我的却是草地上的两个鸟屋，木头制成的小房子，四脚有支架撑着。主人的木工活相当厉害，小房子不但有斜顶屋檐，居然还有个小烟囱。天上有小鸟盘旋，也许是惧怕那两个小孩吧，可是，当两个孩子你追我赶地跑回家时，小鸟就飞下来，在鸟屋里吃起了东西。

一开始，我以为鸟屋是自家养鸟所用，可那只觅食的小鸟怎么看都是野鸟。这时，主人走到花园里，见我们正在看鸟，友善一笑，还走过来与我们攀谈。虽然对方英语不太灵光，但比比画画中我们还是搞清楚了这鸟屋的来龙去脉。

原来，主人家并未养鸟，德国人也不喜欢养鸟，因为他们认为不该把鸟困住。之所以在院子里设置鸟屋，是因为德国冬天寒冷，有时甚至低至摄氏零下一二十度，鸟儿要在这种环境中觅食，十分困难。所以，德国人常常在院子里盖一个小小的鸟屋，即使是住在城市里的人，也常常会在阳台放置一个鸟屋，并在鸟屋里放一些粮食，供鸟儿休息并填肚子。

在德国人看来，鸟儿可是维持自然生态的好帮手，不但能吃害虫，还能传播花粉和种子，德国人的花园常有意外之喜，长出一些并非自己所种的花花草草，也是拜鸟儿所赐。

后来我便开始留心鸟屋，仅在那个村子里，几乎家家的花园里都有鸟屋。后来在别处看看，发现德国乡村的鸟屋已经到了普及的地步。即便在城市，鸟屋也随处可见，有私家设置，也有公共设置，比如我在亚琛的一条大街上，就曾见到行道树上密密麻麻挂着鸟屋。除了前文所提到的开放式鸟屋外，还有封闭式的鸟屋，仅留顶端出入口，可供鸟儿在里面筑巢繁殖。

最让我感动的是，我曾在莱茵河畔的一个不知名小村，见到父子俩在花园里一起做木工。孩子也就八九岁的样子，敲起钉子来却显得娴熟，他们手中的作品，恰恰是一个鸟屋。德国小学生必修手工课，其中一个重要作业，就是亲手做一个鸟屋。这些鸟屋并非自家使用，学校会将之集中，开放给市民购买，所得款项则会统一捐给各种自然基金会。

雷根斯堡：大隐隐于市的城中小岛

说起岛居生活，很多人想到的往往是离群索居，与世事绝缘。可是，也有那么一些小岛，与城市几步之遥，一桥相连。当你走过桥去，便是可以让你投入尘世的城市，而桥的这一头，则是你的家园。

不要以为这是富人才能拥有的生活，在德国雷根斯堡，我就见到这样三个小岛，让普通民居也仿佛遗世而独立。

雷根斯堡人口仅有 13 万，但在德国已是不折不扣的大城市，还是巴伐利亚州的直辖市。据记载，早在石器时代，其附近便已有人居住，公元 79 年，古罗马人在这里建造城堡，同时出现了居民区和阿尔卑斯山北侧最古老的古罗马酿酒厂。公元 170 年，罗马帝国皇帝下令在此建造兵营城堡，正式取名雷根斯堡。

它的地标，除了大教堂，便是多瑙河上的千年石桥。走过古桥，最让人感兴趣的便是多瑙河中央的三个小岛，可以沿桥的分岔走下去。小岛上有民居，也有酒店和咖啡厅。中间的小岛有大片草地，一侧是一栋体量颇大、黄色墙身的老房子，红色斜顶，黑色塔楼，像极了小时候在青岛见惯的建筑，如今

城市里的岛居生活，并不意味着离群索居。

是一间酒店，夹在两条河道之间，位置极佳。在我们抵达之前，有对白人老夫妇在草地上漫步，与雷根斯堡老城隔河相望。草地上有简易公厕，全部由塑料制成，颇为有趣，即使十分偏僻，仍相当干净。

这小岛与雷根斯堡老城相反的另一方向，则是另一个小岛，有一座小教堂与一栋栋民宅，房子以红色、黄色等艳丽颜色为主，门前是大片草地，仿若童话。河岸边有自行车道和步行道，绿树成荫，十分惬意。

还有一个小岛，距离老城更近一些，大概位于石桥中央地带，可以从分岔路走下去。我将之戏称为豪宅区，虽然它事实上只是普通民宅。从桥上望下去，它有一段长长的石板路，颇为宽阔，大概十米多的样子，道路尽头是延绵的几栋民宅，紧紧挨在一起，直面多瑙河。几栋民宅各式各样，有六层高楼，也有花岗岩为基、形如米仓的圆形尖顶平房。对从小在青岛长大的我来说，这些房子的样式实在太过熟悉，也太过亲切。至于老城方向，高高的教堂自然是最显眼的建筑，多瑙河边则是清一色的尖顶老房子，密密麻麻紧紧挨在一起，就如积木一般，因为形态各异、颜色参差，所以毫不机械刻板，而是在河面波光的映衬下显出灵动之气。

目力所及的这些区域，都属雷根斯堡老城这一世界文化遗产。据载，它之所以成为世界文化遗产，是因为它曾经是阿尔卑斯山以北的中世纪贸易中心，也是神圣罗马帝国文化的见证。

雷根斯堡的发展与神圣罗马帝国的命运息息相关。1207 年，它成为帝国自由城市，1245 年被腓特烈二世皇帝赋予城市自治权，1492 年因经济衰退失去自由市地位。1803 年，雷根斯堡通过了帝国议会的最后一批决议，其一便是决定解散神圣罗马帝国，成立莱茵联邦，雷根斯堡也因此独立为邦国。1806 年 8 月 1 日，莱茵联邦在雷根斯堡帝国议会的最后一次会议上宣布神圣罗马帝国的正式解散。

近代以来的德国历史暗面，雷根斯堡亦未能逃离。纳粹上台后，举国焚书，雷根斯堡亦不能幸免。此后，犹太人会堂被毁，犹太人被袭击，许多犹太人被抓入集中营并被杀害。

“二战”期间，雷根斯堡亦不免遭遇空袭。幸运的是，老城并非打击对象，盟军的空袭目标是城郊的一座飞机工厂，那也是当时欧洲最大的飞机工厂。

在战争的尾声，这个城市曾发生这样一桩事情：1945 年 4 月 23 日，雷根斯堡大教堂的一位牧师和城中妇女们上街游行，要求和平移交城市，以求城市不被破坏。第二天，这位牧师和一位市民、一位退休宪兵官被纳粹公开处决。战争结束后，人们在处决地建了一块纪念碑，那位牧师的遗骸则在 2005 年移葬大教堂。

值得庆幸的是，尽管历经两次世界大战，但老城依然保存下来了，而且是德国保存最完整的中世纪老城之一。因为神圣罗马帝国的余晖，雷根斯堡成为阿尔卑斯山以北拥有最多意式家族塔楼的城市，也因此被戏称为“意大利最北部的城市”。

老城都是清一色的旧式建筑

慕尼黑最为磅礴大气的建筑，当属玛利亚广场上的新市政厅。以这里为起点游览慕尼黑旧城最合适不过，因为老彼得教堂、圣母教堂、王宫博物馆等著名景点都在其步行范围内。

新市政厅是典型的哥特式建筑，结构复杂，外观古朴华丽。主楼中央的钟楼每日会有 3 次机械壁钟演出，分别为上午 11 点、中午 12 点和下午 5 点，上层是侯爵威廉五世与罗特林根的芮娜塔的婚礼场面，下层是慕尼黑传统舞蹈展示消灭黑死病的场景，名闻遐迩。

来此一趟，自然不能错过机械壁钟演出。只是时间不太凑巧，刚好 11 点半，11 点的演出已然结束，12 点的尚需等待，便得找点其他乐子打发时间，凑近市政厅门口一看，原来可以乘电梯到顶层塔楼一览慕尼黑风光，立时掏钱买票。

登上塔楼，老城风光果然尽收眼底，只见连绵红瓦向远方蔓延，大大小小的建筑密密麻麻，基本不超过 5 层，视野极为开阔，仅有的几栋高建筑都是教堂。

想起一句话，“一个城市的高层建筑代表城市的信仰”，我一向不愿被人代表，也对各种绝对化说法不甚感冒，但不得不承认这句话多少有点道理。入欧以来眼见的文明与诚信，当然跟经济和历史有关，但也跟信仰有关。

德国是欧洲最为发达的国家之一，慕尼黑则是德国最富庶的大城市之一，如此大都市，却见不到高楼，甚至在老城见不到“新派”的建筑，清一色旧式建筑，实在难得。要知道，慕尼黑与其他许多欧洲城市一样，曾在“二战”中遭遇猛烈轰炸，如今的慕尼黑，许多建筑都在“二战”后重建，却遵循原有的城市格局和建筑形貌。我在街头游走时，曾细细打量路旁建筑，有些楼宇的构成很有意思，它的门脸、廊柱往往年头久远，能看得出岁月斑驳，主体建筑虽然也是旧式风格，但却能看出是近些年来新建的。想来，“二战”后的德国人，面对满目疮痍的城市，选择了在遗址上重建的方式。那些门脸、廊柱恰恰是建筑中最为坚固的部分，也是在轰炸后最容易留下的部分，德国

LUDWIG BECK

慕尼黑作为全球最富庶城市之一，没有高楼。

人将之一一保留，并融入新建筑中。若不细心观察，你甚至看不出战争的痕迹。

相比高楼大厦，我真是爱死了这没有高楼的城市。

刷自己的房子也不能打乱调色板

很多人都说，欧洲城市宛若童话。其实，童话也分很多种。如果你走过许多欧洲国家，就会发现德国民宅的颜色是最丰富的，尤其是德国西部的木条屋，与之类似的还有历史上曾反复被法国与德国争夺的法国阿尔萨斯地区（也就是都德的《最后一课》里讲的地方）。相比之下，英国小镇、南法小城、西班牙和意大利的小城，色调都挺单一。也有一些地方色调同样丰富，比如葡萄牙北部大区（以波尔图为代表），但那里房屋方头方脑的造型，又不如德国的木条屋那般精巧。

有人喜欢单一色调，我倒是更喜欢色彩丰富的感觉。而且德国小城的建筑颜色，错落中带美感，并非打乱调色板那般随意。

相比有人喜欢法国、意大利和西班牙式的破败美，我则更喜欢德国的光鲜。其实，前者的破败固然有色调单一的原因，但也有经济较差、无力修缮的原因。反倒是德国，因为有钱，所以对房子的外墙维护十分讲究，动不动就粉刷一下。

不过，在德国，即使是你自己的房子，外墙也不能随便乱刷。换言之，你的房子的外墙颜色，是经过专门设计，统一规定的。你看德国小城那些一排排的童话小屋，色彩缤纷，其实都经过了设计与搭配。为什么这间是红色，那间是黄色，旁边的又是蓝色？我自己想刷个绿色为什么不行？因为组合起

房屋外墙的颜色可不是乱来的，而是有所搭配。

来不好看啊！

台湾音乐创作人、作家郑华娟就在书里写过这事儿，她想自己刷刷外墙，谁知不被允许。德国人真有意思，连构筑一个童话世界，都用如此严谨的方式。

在欧洲不同的民宅建筑风格里，最讨我喜欢的应该就是德国中西部和法国东部流行的木条屋了，在这些斜顶小楼的外墙和窗户上，都贴有木条。一栋栋色彩缤纷的木条屋并排，就是童话里的模样。

在这一带旅行，甚至无须刻意寻找，随便找个小城镇都会有惊喜。也正是在这些城镇里，我发现了一个有趣的细节。

在许多木条屋靠近路边的一侧，墙下都有一块不规则的石头。它们嵌在地里，看起来挺碍事，但既然这么多房子的墙边都有块石头，就不会无缘无故。

查了一下才知道，原来这跟当年的历史有关。越是老房子，越有这种石头。

话说当年，德国小城镇的格局就是石板路两边有一栋栋房子。当时的主要交通工具是马车，当马车在狭窄的石板路上行走时，轮轴和车边包着的铁皮很容易撞到墙。出于保护自家墙壁的目的，人们就会在墙边埋个石头，马车就需要避开，墙就不会被撞坏。

时至今日，这些石头与老房子一起被保留下来，依然出现在德国的城镇里。也有一种情况，就是建筑是新的，而石头是旧的。“二战”时，德国许多城镇遭到轰炸，破坏严重，但德国以及其他许多欧洲国家都采取了修旧如旧的方法，尽量寻找旧时图纸、书籍和照片，按原貌复建，波兰首都华沙和德国东部名城德累斯顿都堪称其中代表。而在复建过程中，这些石头也得到了保留。

很多城市以老电车为名片

在德国城市漫步，常可见到有轨电车。有些是近年来投入使用的新车，造型现代，站台漂亮，车身还有花花绿绿的广告。也有用了几十年的旧车，外表古朴陈旧但颇具情怀。相比新车，旧车更得游客心，因为配上老房子和石板路，拍照效果绝对一流。

放眼欧洲，很多城市都以老电车为城市名片，当它们慢悠悠地从老街上驶过时，总会赢得“时光就此停顿”的按语，葡萄牙里斯本和斯洛伐克的布拉迪斯拉发都是典型例子。相比之下，经济发达的德国的有轨电车多已进行更新换代，旧车比例低得多。

但说到有轨电车，德国人绝对是鼻祖。1881 年，正是德国人维尔纳·冯·西门子——没错，就是西门子的创始人发明了有轨电车，并在世界范围内得到应用。当时的电车因为要靠钢轨形成供电回路，所以必须在一条固定的路轨上行驶，在交通拥挤的地方显得很不方便，于是，便有了无轨电车，这次的发明者依然是维尔纳·冯·西门子。早期无轨电车的式样很像轮式马车，车厢为木结构，装有实心橡胶轮胎。它从车顶上的高架线获得电流，能左右移动一段距离，它比有轨电车更灵活，但一般不能超车。不过，无轨电车正式投入运营的第一站却不是德国——1911 年，世界上第一辆无轨电车在英国开始运营。这种车从车顶上的高架电线获得电力，轮胎代替了路轨。

德国的有轨电车还有个特征：普遍比较长。这当然是技术决定的，无轨电车限于技术，肯定不会太长，有轨电车则不同。

以奥格斯堡为例，电车一靠站，就像小火车一样横在你面前。后来我去

奥格斯堡有轨电车的低地板基本与路面平齐。

查了查数据，奥格斯堡最长的电车达到 42 米，大部分都在 40 米以上，这些都是近年来的新车。也有一些城市还在用服役数十年的老车，这些外形古朴的车子更适合供我们游客拍照，也比新车短得多。有些城市就想了个办法，既利用旧车，又推出新车，比如莱比锡便是如此，我在那里见到过由两辆旧车挂在一起的电车，而且老车普遍是高地板车，现在流行的新车都是低地板，更利于上下车，所以莱比锡的电车往往会用低地板拖车配高地板老车，方便乘客上下车。

把有轨电车做得这么长，原因很多。一是人力成本的问题，毕竟车子一短，所需车辆就多，车辆一多，要配的司机就多，可工资高啊！把车做长，就能省几个司机。此外，车子一长，座位也多，德国人乃至全欧洲人，都希望确保乘客在大多数情况下有座位。只不过，确保了乘客在高峰期都能有座位，那么在旅行淡季的非上下班时间，就常常能看到一个司机带着两三个乘客在街上晃悠，有人把这种情况戏称为“运椅子”，真是贴切。

有专业人士分析过德国有轨电车，据说现在的新车都是多铰接电车，平均每节车厢的长度只有 6 米左右，40 米的车就需要 6 个铰接盘，车子的转弯半径和大型公共汽车并无多大差距。

相比之下，无轨电车和公共汽车，想做到 30 米以上的长度已经很难。据资料显示，最长的公共汽车是双铰接公共汽车，一般也不超过 30 米，而且使用的城市很少。大多数城市的公共汽车还是 18 米左右的单铰接车，无轨电车同样如此。如果车身过长，转弯和调头就会非常麻烦，甚至有很大风险。

在很多中国人眼中，电车（尤其是有轨电车）肯定不是现代城市交通的主流选择，地铁看起来更先进。但在欧洲，电车却经历了一次复兴，从 20 世纪 70 年代起，许多原本抛弃电车的城市开始重新启用电车系统。当时，以汽车为主导的交通模式带来许多严重问题，如能源危机、环境污染、土地紧缺和交通拥堵等。于是，欧洲发达国家重新将大容量的轨道交通作为发展公共交通的重点。由于地铁的巨额投资和建造难度不适合中小城市，于是现代有轨电车应运而生。在欧洲人看来，电车是中小城市的最佳选择。有数据显示，一公里路面电车线所需投资仅为一公里地铁的 1/3，也无须在地下挖掘隧道。而且，由于使用电力，车辆不会排放废气，相对环保，还有，用电比用油更便宜，载客量也多，运载能力远超普通公共汽车。加上有轨道约束，车辆出现严重事故的概率非常低。此外，电车的使用寿命也远远长于公共汽车，许多城市至今仍有服役超过 30 年的电车。

德国老城里总少不了有轨电车道。

即使是德国的那些大城市，也始终保留电车。巴伐利亚州首府慕尼黑便是如此，这座大城市并非没有快速交通线路，但有轨电车系统极为发达，共有 8 条线路，与地铁、轻轨连为一体，高峰期每两分钟一班（以我的经验，德国城市的电车基本是 5 分钟一班，十分频繁，大城市在高峰期会更频密）。慕尼黑公共交通的价格也很低廉，特别是可供 2—5 人使用的团体票仅售 12 欧元，折合人民币不到百元，一日内可任意乘坐各种交通。

首都柏林的有轨电车已有过百年历史，目前仍保留着 30 多条线路。金融中心法兰克福的街道上，电车轨道也与机动车道并行。

以会展繁多而权威闻名于世的汉诺威，人口 50 余万，也是德国的大城市之一，电车网络同样覆盖全市。

近年来德国兴建的现代有轨电车系统，大多占用独立路权，与旧时电车大大不同，这一方面可以提高电车的速度，另一方面也为将来多样交通工具接驳提供了空间和可能。

我曾见过许多城市，其商业街区都是传统的步行街，机动车不可上路，但有轨电车却可以。弗莱堡便是典型例子。说它古老，是因为它没有高楼大厦，只有老房子，最高的建筑便是教堂；说它充满活力，是因为它是一座大学城，街上到处都是年轻人。在这座城市的中心商业地带，机动车无法驶入，只有人行道与电车轨。更有意思的是，弗莱堡老城里有旧时城门，有轨电车时而从城门下穿过。这样的景致在欧洲不算少见，但也不多，以我的经验，每次遇到这样的地方，总有几个游客等在路边拍照片，当然，我也会是其中之一。

德国人在各种交通运输工具的接驳方面也很有心得。比如德国西部靠近法国的卡尔斯鲁厄市，便诞生了第一条能够运行有轨电车的铁路线，这条开通于 1992 年的线路，也是当时世界上最早的双流制有轨电车系统。所谓双流制，是指有轨电车运行在各种路权的轨道上，在外围区域与小汽车共享路权，在两条步行街区域与行人共享道路，某些路段采用标志标线或草坪分离出的独立路权，或者运行在干线铁路的轨道上。其中独立路权线路约占 50%，尤其是新建线路都尽可能采用独立路权。

也正因此，有轨电车在这条线路上的速度也十分多变，比如在行人街区的最高速度为 25 公里 / 小时，在市区内的封闭路权线路上最高速度可达 50—70 公里 / 小时，在干线铁路上可达 90—100 公里 / 小时。

卡尔斯鲁厄之所以能够诞生这个“世界第一”，其实也与德国人的执着有关。话说许多德国城市的火车站都位于市中心，偏偏卡尔斯鲁厄的火车站位于市郊，距离市中心大概两公里。因此，人们在市中心和火车站之间来去，都需要换乘交通工具。就是为了解决这区区两公里，卡尔斯鲁厄运输联盟决定将有轨电车与铁路共线运营。

德累斯顿古城：世上最大最难的“建筑拼图”

我已经数不清自己曾走入多少德国教堂，它们有的举世闻名，如科隆大教堂、亚琛大教堂，有的只是无名小村里的简朴教堂，而最令我震撼的，当属德累斯顿的圣母大教堂。

古代的德累斯顿曾是萨克森选帝侯的宫廷所在地。相比好战的普鲁士，曾是德国文化中心的萨克森向以雍容典雅著称，德累斯顿也因此有“易北河畔最美城市”“易北河畔的佛罗伦萨”之称。1945 年 2 月 13 日，“二战”已近尾声，并非军事重镇的德累斯顿却突然遭遇盟军轰炸。城中居民连逃跑都来不及，几万人葬身火海，800 年古城沦为废墟。德国文学家豪普特曼曾说："谁如果不会流泪，就来看看被炸后衰败的德累斯顿。"如今所见的茨温格宫、圣母大教堂、杉普歌剧院等均为战后重建。

从这些非凡建筑的外表来看，你无法相信它们是近年重建的产物。古朴的外观、斑驳的墙身，那些被烧过的黑色痕迹，分明记录了曾经的战火。可是，它们偏偏就是重建而成，其中曲折令我咂舌。

圣母大教堂无疑是德累斯顿最美的建筑，它建于 1726 年至 1743 年间，整体呈巴洛克风格，同样未能在"二战"的轰炸中幸免。"二战"后，德累斯顿属于东德，限于各种原因，古城并未重建，废墟亦未清理，圣母大教堂周边就一度成为牧场。在社会主义建设时期，废墟中的石头还被拉去铺设停车场。后来，当地知识分子和艺术家们牵头，动员民众保护废墟。

两德统一后，德累斯顿古城的复建成为可能，并于 1994 年正式动工。严谨的德国人用最艰难却也最让人尊敬的方式完成了这次复建，圣母大教堂的重建尤其值得称道，甚至堪称神话。他们在巨大的废墟上，将一块块砖瓦测量、拍照、鉴别、分类并复位，不足部分以新材料补充，人们称这一工程为"世界上最大、最难的拼图"。

我曾读过一篇关于德累斯顿古城复建的文章，一位德国工程师这样讲解这项工程："教堂倒塌的时候，不是直着倒下的，而是有一定倾斜度地倒下。因此，精确测量每一块砖头的大小和重量，根据它落地离教堂中心的距离，就可以计算出这一块砖头在原教堂墙面上所在的高度……"在废墟中被挑选出的砖瓦，都标好号码，以便于在修建中一一放回原位。在圣母大教堂重建的材料中，有 43% 由教堂废墟中挑拣而来，共计 3539 块砖，重建材料共计

绝美的德累斯顿圣母大教堂，见证着德国人的执着与坚持。

6 万吨，其中废墟材料达 34%。

2005 年 10 月 30 日，重建的圣母大教堂完工。在教堂的 67 米高处，有一个平台，可供人观景。这座古城没有高层建筑，因此观景台可一览城市风光。

据说，前德国总统科勒在落成仪式的致词中，对豪普特曼 60 年前的名言给予了补充："谁如果失去了信心，就来看看重建后的圣母大教堂！"

在科隆，城市建筑不得高过教堂

如果翻查欧洲教堂的历史，我们会发现，许多欧洲教堂都经历了漫长的建造期，许多甚至长达数百年。直至今天仍然在建的也不在少数，巴塞罗那圣家堂就是例子。

正因为建筑期太长，许多教堂如今的建筑风格与初时已大相径庭。但纵观建筑史的演进，拨开欧洲政治史、经济史中的种种迷雾，我们只会在恢弘教堂前看到两个字：信仰。

是啊，除了信仰，还有什么能让一代代人为一栋建筑而努力？

与新天鹅堡并称德国地标的科隆大教堂同样如此，即使是"二战"期间，整个科隆几乎被盟军轰炸机夷平，但盟军仍然避开了科隆大教堂。1942 年，英美联合空军轰炸德国。科隆位居莱茵河要津，其下游腹地是化工业的集中区，因此被集中轰炸，老城九成以上建筑被毁。德国天主教透过罗马教廷提出要求，科隆大教堂才免遭轰炸。也正因此，那张流传甚久的科隆老照片才那般令人动容，满目疮痍之中，大教堂孤单而立，似乎在抵御人类的黑暗与堕落。

科隆大教堂也许是德国信仰与德国工匠精神的最好结合。1248 年，法国建筑家凯尔哈里特受邀设计建造科隆大教堂，那年 8 月 15 日，教堂奠基。

最初的工程是从 1248 年到 1322 年的唱诗堂封顶。前期工程耗资巨大，以当时的技术条件来看简直难以想象。当时，科隆简直是全城动员，日夜动工，想尽一切办法进行修建。

有个细节很有意思，当时没有水泥，石块间的粘连主要靠鸡蛋和面粉的混和物。结果几年下来，当地鸡蛋都不够了。由于担心其他地方的鸡蛋或许与本地鸡蛋存在成分差异，不利于工程质量，工程一度停顿，大家集体跑去养鸡。

1322 年，地区主教主持唱诗堂封顶仪式，科隆大教堂工程正式告一段落。

此后，由于战争不断，科隆大教堂的建筑工程时断时续。1560 年，科隆大教堂内大厅基本竣工，又因德国宗教改革运动而中断。

1842 年，在威廉四世的主持下，大教堂第二次奠基。19 世纪 60 年代，普鲁士帝国强盛，财力雄厚，科隆大教堂工程又被提上日程。

于是，科隆大教堂越建越高，越建越宽，直到 1880 年 10 月 15 日，举行了盛大的竣工典礼。当然，这个“竣工”仅指教堂的基本结构与形貌的完成，事实上，此后的 100 多年里，科隆大教堂仍然未曾停止各种施工，或添砖加瓦，或修葺。

从科隆大教堂首张建筑图纸诞生，直至 1880 年竣工，其间相隔 632 年。在这 600 多年间，德国人始终忠于原有设计方案，基本上没有任何改变，这也是科隆大教堂独特之处。

在科隆人看来，教堂修建过程再长都无所谓，因为上帝没有时间限制。尽管这期间也曾有人提出简化工程，但被否决，因为科隆人认为“在上帝面

600 多年过去了，科隆大教堂的建造仍在继续。

前不能打折”。

科隆市这座“老城”其实只是“二战”后依原貌复建，实则不老。在“二战”中，尽管大教堂逃脱了那场几乎夷平科隆的大轰炸，仍不免时遭流弹，共被击中

70余次，北塔塔基更是一度告危，在战后几十年里都依靠临时加固才避免倒塌。

教堂竣工后，当地政府就做出规定，城内所有建筑不得高过教堂，并延续至今。这种规定并非科隆独有，欧洲许多城市都是如此。

科隆其实也是大都市，当然也有盖大楼的需要，但为了不超过科隆大教堂，所以最多也不过七八层，但实则另有乾坤——既然没法往高里盖，那就往地下盖啊，所以，科隆不乏高七八层，地下却有四五层的建筑。如此高难度的“妥协”，也可看出科隆人的虔诚。

不过其间也难免波折，2004年，联合国教科文组织就将科隆大教堂列入濒危世界遗产名录，原因是当时的科隆市政府规划在教堂四周建设高层楼房，这将影响科隆主教座堂周围的空间环境，对教堂的整体风貌造成破坏。德国人自然痛定思痛，修改规划。2006年，科隆大教堂脱离濒危世界遗产名录。

如今的科隆大教堂，外墙呈不均匀的灰褐色。原来我以为是战争遗痕，后来才知道是污染所致。科隆曾是欧洲最重要的工业基地，也是德国最大的褐煤生产基地。泛酸的空气侵蚀着教堂的每一块石头，大教堂建成仅160多年，便因长期受到工业废气和酸雨的污染、腐蚀，使得外观变成黑褐色。后来市议会决定保留双塔被污染了的黑褐色，以引起世人对环保工作的重视，增强人们的环保意识。

也正因对大教堂的热爱，科隆市政府出台了一系列环保政策，如加强环保立法、严禁尾气污染严重的车辆进入市区、搬迁市内污染严重的企业等。更为超前的是，早在20世纪中叶，科隆人就提出了“减少碳排放、节约能源、提倡绿色生活”的口号。

被书店拥抱再拥抱的城市

欧洲人生活节奏缓慢，对手机、电脑的依赖都不似我们这般严重。相比网购，他们似乎更喜欢逛街，相比玩手机，他们似乎更喜欢在咖啡馆里聊上一下午，相比上网，他们似乎更喜欢读书。在欧洲人当中，德国人更是出了名爱读书。德国被称为“哲学之国”，也是“诗人之国”，康德、黑格尔、尼采和歌德等名字璀璨于世。德国也是“科技之国”，爱因斯坦、赫兹和伦琴都改变了世界科技史，历史上曾获得诺贝尔科学奖的德国人多达 102 人，数量仅次于美国和英国。在这之中，德式阅读可算是重要因素。

自从 15 世纪古腾堡在西方发明活字印刷术后，德国成了欧洲的图书交易

在闹市区中辟出安静的一隅。

中心。到了 18 世纪末法国大革命前后，以歌德、席勒为代表的狂飙突进运动带领德国进入一段被称为“阅读狂热”的时期，文学沙龙一时蔚为风气。这一时期，德国在作家、出版物和读者数量等各方面都超越法国，成为欧洲文化领军国。

仅有 8000 万人口的德国是全球第二大图书市场，年市场销售总额达 96 亿欧元。一个更吓人的数字是，全世界图书中有 12% 为德语，其中当然是德国本土出产占了大头。德国年出版新书 9 万余种，平均每万人 11.5 种。德国还是全世界人均书店（仅指类似书城的大书店）密度最高的国家，每 1.7 万人就拥有一家大书店，小书店更是数不胜数。在旅途中遇见德国书店，实在是轻而易举之事，根据我的经验，德国城市往往以市政厅广场为中心，围绕广场的店铺当然以餐厅和咖啡厅为主，但找到一家书店的概率也相当高。就算

店不在大，有书则灵。

广场四周没有，在其向八方延伸的多条道路中，百米内也必有书店存在。而且，这类书店都颇具规模，门面很大，纵深也相当夸张，玻璃明亮，门前的堆码极具美感，里面的人总是不少。而且，书店内和书店门口，大多有休闲区，人们可以边喝咖啡边读书。即使不买书，拿本书坐在这里看上一天，也不会有人管你。

有意思的是，无论是慕尼黑、法兰克福这样的大城市，还是特里尔、弗莱堡这种中小城市，主要商业街上的大书店里，都有一些装扮成礼品的书籍摆放在架子上。尼采曾说："对一本喜爱的书，你绝对不能借，而要占有它。"德国人正是如此，也正因为这样，德国人向友人赠送礼品时，书总是最不会犯错的选择，因此书店也成了最好的礼品店。尤其是圣诞节期间，因为书是最普遍的圣诞礼物，所以各大城市最主要商业街上的大书店都会堵得水泄不通，仿若我们的超市抢购。

想来，这种城市中心区域的大书店，地位类似中国城市早年的新华书店和如今的书城了吧，虽然面积不及，但以德国的人口密度，这种规模的书店已相当可观。

不过，让我印象最为深刻的书店还是那些小书店和小书摊，其中最特别的当属波恩的一家亭子书店。

亭子书店是我起的名字，只因觉得它像个亭子。其实它是一个露天书摊，位于一个街心公园旁边的小广场上。四根细细的木柱支撑着顶端的木板，足以挡雨，棚下则是书摊，背后有墙。因为地上有木车轮的缘故，我起初以为它是一辆躲在木棚下的推车，走近了细看才知道并非如此。木车轮扎根地里，其实只是装饰，支撑着整块木板，木板的两端与那四根木柱相接，内侧与后面的墙相连，这便是书摊的主体了。上面又有架子和柜子，摆满了书籍。还

波茨坦的小书摊经常用小推车装书籍。

有不少书放置在塑料筐里，堆得密密麻麻，挡住了架子上的书。不过这只是暂时的，一旦书摊开档，店主就会将塑料筐一一搬下来，摆放在地上。

这里售卖的都是德文旧书，我不懂德文，否则肯定会好好挑上几本。

另一家让我印象深刻的书店在柏林附近的波茨坦。中国人熟悉此地，皆因“二战”时的波茨坦会议和《波茨坦公告》。其实这座城市是勃兰登堡州首府，也是德国古城，曾是普鲁士文化和军事中心，无忧宫为皇室住地。

相比无忧宫这个著名景点，我更喜欢在波茨坦市区里那些笔直的石板路闲逛，清一色的两层小楼，有民宅有店铺，车子驶过石板路，甚至有铿锵之感。其中有一家小书店，门面狭小，内部精致，门口由两张桌子并成一个摊位，摆放着一堆二手书。最有趣的是旁边还有一辆旧旧的手推车，里面不是建筑材料或垃圾，而是随意摆放的书籍，外加一只玩具小熊。就这么简单的陈列，看起来却十分别致。

像这样的小书店和小书摊，在德国城市里出现率极高，里面也总不缺乏顾客。有时，书店和童话般的老城美景，更是相得益彰。比如我最喜欢的德国城市班贝格，雷格尼茨河畔便有一家二手书店，位于著名的桥屋市政厅附近。里面堆满了二手书，阳光从窗户打进来，光线柔和。我其实是慕名而去，据说店中有希伯来语的《圣经》，还有1872年版的《资本论》，但我未曾得见。

除了正规书店外，德国人卖书的地方可真是多。大型超市肯定有图书专柜，这个不稀奇，稀奇的是很多加油站里也卖书。有一次，我在前往斯图加特的路上，停在高速公路服务区休息，就见到有几个人站在加油站里的书柜前挑书，还有人坐在一旁，一边喝着咖啡一边读书。非高速公路的加油站同样也会卖书，有一次我从什未林前往波兰，行程数百公里，我嫌走高速过于单调，半路下高速，在乡间道路上徜徉一番。途经一个不知名小镇，在路旁加油站加油。旁边一辆车子属于一个德国家庭，两个孩子趁机跑进油站，在书柜前挑书，父母也不阻拦，加好油买了单，便把车子移到空地上，站在一边等孩子，直到他们选购了两本书为止。

以中国人的消费状况为参考值的话，德国图书可算是昂贵。我在书店里随意看看定价，往往是19.9欧元、29.9欧元之类的价格，折合成人民币的话，一本书一二百元是常态。但有些人以此推断德国人在阅读上舍得花钱，我还真不同意。要知道，以德国人的人均可支配收入，对应二三十欧元的书价，并不存在经济压力。而且，根据亚马逊提供的数字，无论是 Kindle 阅读器，还是电子书，德国人的贡献都相当不少。

公共图书馆方兴未艾

德国人除了家有藏书外，还拥有大量公共图书馆。一般来说，图书馆可分为国立、州立、市立和私立，前三者按行政区域划分，私立图书馆则散落各处，甚至进入社区。图书馆都设有儿童和青少年专区，孩子一上小学，就可以跟成年人一样办理借书证，借阅书籍。其中，公立图书馆均为免费，私立图书馆虽然收费，但一年往往只有 10 欧元左右的费用。

我小时候也曾是图书馆常客，但对之印象并不好，至今还记得自己向图书馆管理员询问有没有某本书却遭白眼的情形。也正因此，大概 10 岁以后，我就没再进过图书馆了，购书则越来越多。

如果我生在德国，就不会有这样的境遇。即使是在没有互联网的时代，德国图书馆的管理员也会帮你找书。如果馆内没有你想要借阅的图书，他们还会跟市内其他图书馆联系，并写信告知你何时来取。在当下的网络时代，流程就更为简单。也正因此，德国人的“陪子阅读”得以维系，并不会因为时代发展而受到影响。

有数据显示，目前德国共有 1.4 万多个图书馆，藏书约 1.29 亿册。德国的图书馆作为最重要的公共设施之一，基本不会放在市郊，而是会建在当地最繁华的地段，还经常会举办各种文化活动。而且，德国图书馆都会定期清理藏书，那些库存的、流动性不大的书，会放在图书馆门口，供有需要的人免费阅读。即使是那些仅有十几户的小村，也会定期有流动图书馆上门，方便村民借阅。

德国图书馆甚多，其中一些甚至已成景点。在它们之中，有些以权威性著称，如设在法兰克福的国家图书馆，属于非借阅图书馆，成立于 1946 年，承担着 1913 年以来所有德语出版图书的收藏保存工作。

有些以藏书量著称，如柏林国家图书馆，其历史可追溯到 1659 年的德国皇家图书馆，以大约 1000 万的藏书量成为德国最大的综合性图书馆。

有些以建筑著称，如乌尔姆威布林根修道院图书馆，建于 18 世纪，是德国南部最著名的洛可可式建筑，被誉为“世界上最美丽的图书馆”。

有些以古籍修缮维护著称，如成立于 1572 年的沃芬布托奥古斯特公爵图书馆，是德国典藏、修缮古籍的国家级图书馆，古籍典藏的数量以及修缮维护的技术皆是欧洲之冠。

有些以宗教领域著称，如曼海姆伊斯兰图书馆是欧洲最大的伊斯兰图书馆，拥有 25000 册图书，准备将藏有量扩增到 10 万册。

有些以历史悠久著称，如位于德国下萨克森州的沃尔芬比特尔的奥斯特公爵图书馆，是当今世界上最古老的图书馆之一。1572 年，当时的统治者吕讷堡公爵将居所的一部分改建为图书室，成为该馆雏形。此后，热爱收藏图书的奥斯特公爵将其大量的藏书捐给图书馆，图书馆因此以他的名字命名。

还有一些则来自名校，如德国最古老大学——海德堡大学的图书馆，藏书 260 万册，其中拥有 6000 多册珍贵的手稿和古代印刷本，还有极为珍贵的 14 世纪手抄本，位列世界顶级名校图书馆的第 5 位。

但让我印象最深的是位于魏玛的安娜·阿玛利亚公爵夫人图书馆。

在德国文化史上，魏玛是个绕不过去的存在，它甚至是德国文化当之无愧的中心。1919 年，它也因文化上的地位，成为德国历史上第一个民主共和国——魏玛共和国的首都。

所有这一切，都要追溯到 18 世纪后期。当时魏玛的统治者是卡尔·奥古斯特公爵，他迎娶了来自俄国的女贵族安娜·阿玛利亚，二人合力带来了开明之风。

他们都是狂热的文学和艺术爱好者，安娜·阿玛利亚公爵夫人更是一位出色的作曲家。她延揽了大量文化名人来到魏玛，使之成为当时欧洲的文化中心。

在魏玛的群星璀璨时代，最有名的当然是歌德。1755 年，年仅 26 岁的歌德应邀来到魏玛，并在此度过了大半生，创作了巨著《浮士德》。也正是以他

魏玛的阿玛利亚公爵夫人图书馆，歌德就是在这里做了很久的图书管理员。

为轴心，才有席勒等人的到来，并交相辉映。

歌德不但是魏玛的内政大臣，还为阿玛利亚图书馆做了 35 年图书管理员，把藏书从 5 万册增加到 13 万册。

这座图书馆位于魏玛一个广场的东侧，原先是伯爵寝宫，1570 年落成。后来，安娜·阿玛利亚公爵夫人将之改建为图书馆，并将宫廷收藏的珍贵书籍转移至此处。而且，它也是欧洲最早向公众开放的皇家图书馆之一，可见安娜·阿玛利亚公爵夫人的开明。

这是一个专注于 18 世纪时期德国文学研究的图书馆，可惜的是，2004 年，由于电路老化，图书馆遭遇大火，损失惨重。火灾前，图书馆藏书将近百万册，包括约 500 本 16 世纪前的古书、2000 本中世纪手稿、10000 件地图和地球仪、4000 本乐谱、13000 册《浮士德》、10000 本莎士比亚著作，还包括莫扎特、海顿等著名音乐家的手稿。大火使 4 万多册藏书遭到了不同程度的损坏，12500 套孤本从此消失，是 20 世纪德国文物到目前为止的最大损失，其他则被冷冻起来并用最先进的技术慢慢复原。直到 2007 年，也就是安娜·阿玛利亚公爵夫人忌辰两百周年时，图书馆才重新开放。

图书馆讲解员说，火灾发生时，馆长冒着生命危险，凭着记忆，在浓烟中摸黑爬上顶层，准确找到并救出了马丁·路德翻译的 1534 年版本《圣经》。这本书对德国意义非凡，因为始建于公元 962 年的“神圣罗马帝国”，其实既不神圣也非罗马更不帝国，组织非常松散，没有统一的语言。而马丁·路德翻译的《圣经》通过宗教改革的传播才确立了标准的德语。

站在安娜·阿玛利亚公爵夫人图书馆的洛可可式大厅里，见证着书籍与美丽建筑的合而为一，你会理解德国的强大来自何处——那是对知识的尊重，即使，它也曾走过弯路。

市民沉浸在书里，就像扑在满是啤酒香肠的酒窖里

有数据调查显示，91% 的德国人在过去一年中至少读过一本书。其中，23% 的人年阅读量在 9—18 本；25% 的人年阅读量超过 18 本，大致相当于每三周读完一本书。书还是朋友之间最受欢迎的礼品。值得一提的是，在所有年龄段的人群中，30 岁以下的年轻人读书热情最高。对德国年轻人来讲，书就和德国的啤酒一样让人喜爱。

14 岁以上的德国人中，69% 每周至少看书一次；36% 以上的人认为自己“经常”看书；22% 的人看“很多”书；16% 的人则有每日阅读的习惯，属于阅读频繁者。

在德国人的阅读选择中，人文类图书占比最高，包括文学和社会学等。这种阅读偏好本身就说明德国人重思考，并没有刻意将读书实用主义化，而是将之视为潜移默化地改变自我的工具。这一点在儿童教育中体现尤为明显，德国小学生下午大多不用上课，去图书馆参加朗读活动，或是在家读书，都是主要“功课”。

在咖啡馆里，人们喜欢聊天，似乎总有说不完的话，以至于根本不需要去看手机。但若是独坐，发呆的人肯定比读书的人要少。地铁和电车上，读书者似乎更多一些，毕竟这些交通工具上乘客不多，座位空置率高，独自坐着读书，完全无人打扰。在乘火车出行的相对时间较长的旅途中，读书更是很多人的选择。

我甚至认为，德国人的背包里可能固定放了一本书，才会随时随地拿出来读。我自己也有这样的习惯，即使是停车在路边等人，哪怕只有一两分钟，也会读上几页。不过与我有同样习惯的同胞并不算多，可在德国，同好者真是太多。

最让我诧异的，是德国女性喜欢在发廊里看书。德国的发廊散落在商业

在德国，街头随处可见读书者。

PRINZ_GEMAHL
VON GROSSBRITANNIEN
UND IRLAND.

街和各个街区，像我这种喜欢满城溜达的人，经常一扭头就会看见。第一次见到德国人在发廊里看书，是在东部小城迈森。那天我正沿着大上坡往大教堂和城堡方向“跋涉”，一边走一边看着石板路两边的建筑和店铺，突然就见到一间发廊，一位中年女性坐在那里读书，发型师正在摆弄她的头发。当时还觉得挺特别，毕竟在中国的发廊里，虽然女性也是百无聊赖，但更喜欢玩手机。后来便见怪不怪了，因为一边做头发一边看书的人实在太多。

其实有个调查数据，也显示了德国人的“无处不读书”。除了比较主流的马桶上、车上、浴缸里、咖啡厅里、沙发上和床上等选项外，德国人还喜欢在空气清新的地方看书，如自家花园、公园、海滩等。阳台也是个好选择，走在德国城市里，像我这种欧式建筑爱好者，简直是一栋栋楼挨个拍过去，总有在阳台上看书的德国人会进入我的镜头，那惬意就甭提了。更有意思的是，医院的等候室也是阅读热门区，可见德国人真的不放过任何阅读机会。

德国人喜欢在草地上晒太阳，顺便拿本书趴着看也很常见。不过，每次看到一个家庭一起看书时，我还是会心生感慨。

在波恩大学旁的大草地上，在埃尔福特桥屋边的草地上，在什未林的湖边，在德南乡间，我都曾见到这样的景象：一家三口或四口，或一人一本书，或大人在为孩子读书。即使是两三岁的孩子，也一脸专注。

在德国人的生活中，陪子阅读是极为重要的生活内容。从幼儿时代开始，日常和睡前的亲子阅读便是父母必做之事，以培养孩子的阅读习惯。数据统计，德国有 81% 的家庭每天陪子阅读。

资料显示，德国幼儿园一般不让孩子提前学算术和字母，但是一进入小学，老师就会督促家长协助孩子们展开阅读，一年级是每次 10 分钟，随便什么都可以读，只要孩子读出声音即可。每次孩子读好，家长签字，累积到 10 次，孩子就可以到老师那里选一个小礼物，所以小朋友阅读的积极性很高。

德国小学生每天上课时间并不多，通常中午或者下午两点左右就放学。剩下的课余时间，很多孩子会在图书馆度过，图书馆也会为孩子们举办各种朗读活动。到了中学，老师布置的主题作业则基本与阅读有关。

针对小学生，学校和老师们也想了很多方法鼓励阅读，例如一年级有班级读书夜，孩子们带着睡袋和自己喜欢的书到教室里过夜，老师会选一本给大家读，孩子们也可以自己讲书的内容。

倡导阅读的并不仅仅是学校。德国的公共场所常常可以见到儿童阅读区，甚至餐厅、诊所里都会有。人们会辟一个安静角落，放置图书、画笔和纸张等，孩子在等待时也可以读书、画画。

据说几乎每个德国家庭都有书橱、书架，也是或摆放在客厅，或摆放在书房。但德国人显然比荷兰人喜欢拉窗帘，我只能偶然得见，但只要能看到室内，就能见到书橱。对许多德国人来说，周末泡上一杯咖啡，坐在沙发上读书，便是最好的消遣。

有数据称，德国家庭平均藏书近300册，人均百余册，以至于有“一个家庭没有书，等于一间房子没有窗户”的说法。我自己藏书甚丰，原本对人均百余册这数据不屑一顾，但近年来曾有过出售旧物业的经历，来看房的人，不管是老一辈还是双双大学毕业、工作也体面的小夫妻，居然都认为无须独立书房，要将书房做成其他房间。这当然有家庭需要的因素，但容不下一个书房乃至书橱，却是许多中国家庭的现实。许多人标榜自己从不读书，甚至认为只有手机已经足够。老实说，我也并不高估阅读的意义，毕竟在当下这个年代，获取知识的渠道比以前丰富得多，书籍早已不是知识的唯一来源，但阅读的潜移默化作用依然无可取代。如果中国人的生活只剩下老年人的麻

在国内日渐式微的纸媒，在德国仍有相当大的市场。

将、广场舞，中年人的玩手机、购物，孩子们的看电视、玩平板，那不仅是单调，更是可悲。生活节奏缓慢甚至单调的德国人，其实是我们的榜样。

如果你在德国的街区里多走走，常可见到一个很像电话亭的小亭子，这便是德国社区里常见的免费借书亭，专门放置二手书。人们可以将自己闲置的书放在这里供他人阅读，借阅和归还全靠自觉。

然而，前两年有个调查报告，称德国年轻人的阅读兴趣正在下降，未来的德国人可能会越来越不爱读书。这原本是世界性问题，可到了德国人这里，得到的重视程度可不一般，一时间舆论和坊间都是忧心忡忡。德国国家电视台专门做了一个专题片，进行专题讨论，还专门去学校、儿童图书馆和幼儿阅读沙龙等地拍摄场景，分析现状。

还有一个调查也让德国人担忧，即“八小时媒体时间”。调查显示，德国人每天平均花在阅读、收看和收听各种媒体的时间为 8 小时。其中，电视仍然是媒体王者，占据了德国人“媒体时间”的 38%，一半以上的德国人声称无法忍受超过一周不看电视。比电视更古老的电台居然名列第二，占据 36% 的份额。网络的冲击却远没有想象中大，起码远不及中国，仅仅占 8%，欧洲人不依赖网络的说法果然不假。相比之下，德国人每年购买各种出版物的花费达人均 375 欧元，比保养汽车的花费（241 欧元）还高，但阅读时间只占“媒体时间”的 11%，如果刨除报纸和杂志的阅读时间，仅计算读书时间，就更为可怜——女性平均每天读书时间只有 33 分钟，而男性平均读书时间只有 16 分钟。

这个让许多德国人备感羞愧的数据，要是放在中国，可能还会让许多人欢喜吧——有多少中国人能保证平均每天读书半小时？平心而论，德国的书店密度，德国人在咖啡厅、公园和交通工具上的阅读频率，还有德国人家中的书橱书架，都说明德国也许是这个世界上最爱阅读的国家之一。

大城小镇，随处可见的“May I help you？”

我印象中的最佳问路城市，就是全球经济最发达城市之一——德国慕尼黑。

作为德国的“隐形首都”，慕尼黑不仅经济发达，人口素质高，还是全球宜居城市之一。以 100 分为满分的话，这里的问路体验绝对可打 120 分。

为何比满分多出 20 分？因为这里的人已经热情到了你根本不用主动开口问路的程度。第一次感受到这种热情待遇，是在国王广场附近。当时我站在街上，低着头看地图，琢磨着下一步去哪里合适。才不过几秒钟，旁边突然冒出一张老妇人的笑脸，轻声细语问“May I help you?”我先是有点惊诧，然后连忙表示不需要并道谢，她笑着点头离去。

很快，我便适应了这种热情。只要你拿着地图或者攻略书在路上站着，旁边的人似乎都会一脸急切地看着你，盼望着你向他们问路，而且总有人难耐等待之苦，直接凑到你身边，微笑着用一口极动听的英文询问你是否需要帮忙。而且，在我经过的德国城市中，慕尼黑人的英语水平最高，上至七旬老太，下至滑板少年，都会说一口流利英文，再加上他们的热情友善，问路顺畅指数自然高居榜首。

在德南另一座城市奥格斯堡，我也经历了一次友善的问路体验。当我们向一对老夫妻问路时，已经驼背但穿着得体、英文极其标准的老头一脸“这是一个好问题”的得意，瞬间变身“老男孩”，噌一下从包包里掏出一本德文版的《LP》攻略，然后跟我们研究地图，态度一丝不苟，一边“here”“there”地嘟囔，一边抬头与四周建筑比对——敢情您两位老人家也是游客呀！

如果被问路者的英文水平非但比不上慕尼黑人和这位“老男孩”，甚至还跟低水平的我旗鼓相当呢？答案是他们的诚意和热情仍可让我感动。

与慕尼黑相距 100 多公里的雷根斯堡是一座千年古城。城中有一座接近 900 年历史的石桥。当日，我们在石桥及下面的小岛溜达半天后，准备去一座修道院看看，于是便向两个年轻男子问路。古城并非旅游城市，民众的英语水平显然不及慕尼黑。其中一位几乎完全不懂英语，另一位跟我水平相仿，讲了半天其实只说了“straight”。但他那知道路却苦于无法表达的急切，甚至让我觉得给他添了麻烦，很是不好意思。后来，当我们表示先直走，找不到再问别人时，他连连点头，还一脸歉意地目送我们离开。

没有什么能阻挡德国人回家吃晚饭

欧洲人的家庭观念比较强，别看餐厅、咖啡馆里总是坐满了人，但那并不是他们的生活常态，大多数人还是会选择回家吃饭。

德国人的家庭观念似乎更重一些，在魏玛，我曾见过晚冬黄昏的居民区，窗户里透出和暖灯光，主妇在窗前配餐；在什未林，我见到过公寓窗前的伴侣依偎着切芝士；在不知名的德南小村，我见到人们在自家花园的草地上用餐，桌子上摆满丰盛菜肴，见到我这个异乡人经过，他们友善招手微笑……

当然，德国人习惯在家吃晚饭，也有经济因素。作为游客，我一向认为德国是欧洲发达国家里消费水平最低的，一家三口在外用餐，一般只需两个主菜（因为分量大，三个人吃两个有时都嫌太饱），外加沙拉和饮料，一般都是三十欧元左右，折合人民币也就两百多元，非旅游城市的话，二十欧元都可以拿下，折合人民币一百五六十元而已。如果是不太讲究的德国人，吃一份仅有主菜的简单晚餐，也就是七八欧元而已。

但对德国人来说，外出吃饭的花费还是远远高于在家吃。毕竟超市和市场所售的食材，价格便宜到连我都恨不得全部搬回中国，惜乎不能。

据说早期的德国家庭，主妇最重视的是午餐，晚餐反倒简单，以冷食为主。但如今职业女性已然普遍，大家中午都得外食，或者带便当，午餐变得简单，晚餐则丰盛起来。而且由于大家都要上班上学，晚餐就成了家人最重要的相聚时光，充满仪式感。

德国人生性严谨，德国主妇自也不免，每周一次超市大购物，都会带一张长长的清单前往。这清单背后，便是主妇脑子里的一周晚餐食谱。

当然，德国人的家庭晚餐相比中国人，还是颇为简单。主食是我们常见的面团子、薯泥、面条和洋葱饼等，主菜多是炖牛肉、炖猪脚之类，当然少不了清爽的沙拉。最关键的倒是用餐前的用心准备，用餐时的聊天沟通。

对德国人而言，为了谈生意而在晚餐时间应酬，其实是相当罕见的事情。

回家吃晚饭，是德国人的一种仪式感。

有在德国工作的朋友告诉我，德国雇主从来不会拉员工去应酬，自己都雷打不动回家吃饭。而且，即使有时时间紧迫，晚餐非常简单，哪怕只有面包片配点腌黄瓜、吞拿鱼罐头之类的，也得有一束鲜花和一支蜡烛摆在餐桌上。

让人又爱又恨的“守时原则”

德国人不但出了名不爱迟到，就连早到了也得等到准时。

有一次，我们从魏玛驾车前往维尔茨堡，途中心血来潮，拿某评分 App 看了半天，预订了当地一家评价最高的餐厅。

预订时间是六点半，到了维尔茨堡后，随便溜达了一下，大概六点出头，就拿着地图开始找预订的餐厅。

毕竟人生地不熟，找来找去没找到，只好求助于路人。刚巧路边站着一对小情侣，手拉手聊着天，我们便凑过去问他们。他们看看地图，又看看手机，将英文转换为德文，想了几秒钟，一起摆出恍然大悟状，齐刷刷手指背后，告诉我们就是这间。原来，餐厅名字很长，而且字体比较怪，我们没认出来。他们还笑呵呵告诉我们，他们也预订了这家餐厅。

致谢过后，我们便来到餐厅，跟侍应一说，便被带到位子上。此时还不到六点半，不过在我们的固有认知里，早到总比迟到好。可是那对小情侣仍然站在路边，只是时不时看看表。直到六点四十五分，他们才走到门口，跟侍应表示自己预订了座位，然后便被带到我们旁边那张台。

我觉得有趣，便问他们为何要等这么久才进来，得到的答案居然是“我

这就是我们预订的那家餐厅，小而温馨，充满文艺气息，更像中国的咖啡馆和文创产品店。

们的预订时间就是六点四十五分，结果来早了，就等到预约时间再进来”。

在德国，我总能感受到德国人的守时。比如预订酒店、餐厅，对方会反复跟你确认抵达时间，在酒店里要个东西，前台说三分钟后送到，保管是不多不少三分钟。

有意思的是，因为守时，德国人对时间的判断也颇准，我在向德国人问路时体会尤深。因为喜欢以脚步丈量城市的缘故，我很少在城市内乘坐交通工具，除非是巴黎那种不得不搭乘地铁的大都市。所以，我问路时除了问怎么走之外，也会问问需时多少。每逢此时，被问路的德国人都会沉吟一下，在心里估算时间，给出的时间往往不是十分钟、半小时、一小时之类的说法，而是七分钟、十二分钟之类。

据说德国人请客也会将约定时间精确到分钟，而不像我们这样不是整点就是半点。要想不迟到，那就得早出发，可万一来早了咋办？他们就会像餐厅门口那对小情侣一样，在附近等到约定时间到了才进去。

不过，德国人的守时似乎也会受到欧洲整体慢节奏的影响。长居德国的朋友，就曾为德国人的办事效率抓狂不已，比如办理家中的 Wi-Fi 业务，电信公司的员工守时而来，不过事情没做完，时间已到五点半，他居然守时下班了，告知朋友提前预约几天后的再次上门。看来，在欧洲的整体散漫之下，德国人也不能免俗呢。

节俭不丢份：去边境理个发

那年冬天，在捷克乌斯季晃悠。这是一座游客罕至的小城，却有我最喜欢的精美建筑与幽静。

不过，也正因为幽静，而且又是冬天，还恰值大多数商店都不开门的周末，街上居然没有人。偏偏这又是一个旅行攻略书上罕有资料的城市，想问个路都难。

好不容易找到一间开门的，居然是间发廊。走进去问路，发现里面只有一个老板兼理发师，还有一个顾客。

我问他们大教堂在哪里，那可是欧洲第二倾斜的教堂，至于第一，当然是比萨斜塔啦。老板的英语不灵光，倒是那位顾客的英语相当不错。但顾客却不认识路，所以一边向老板请教，一边用英语向我们转述。

问明白了路，又攀谈几句。顾客问我们下一站要去哪里，当得知我们离开这里就要前往德国德累斯顿时，那位顾客很是惊喜，告诉我们他就是德累斯顿人，今天专门来剪头发。他还告诉我们，欧洲大多数商家都会周末关门，不过他平时要上班，这间发廊的老板就是为了他们这帮来捷克理发的人，所以常常周六开门营业。

为什么要专门来捷克理发？因为便宜啊！类似的情况我之前也曾遇到过，在匈牙利西部边境城市肖普朗，这座极具魅力的千年古城最让我留意的便是城中随处可见的牙科诊所。后来打听一下才知道，原来在奥地利看牙医太贵，所以很多奥地利人干脆来肖普朗看牙医。

后来我也专门留意过德国发廊，价格果然惊人。男性随随便便剪个头发都要 50 欧元，折合人民币近 400 元。哪怕是前东德地区的小城市，经济在德国相对较弱，剪发的价格也起码要 25 欧元。女性剪发更夸张，洗剪吹怎么也要六七十欧元，折合人民币四五百元。换成烫发之类，简直就是天价了。

所以，德累斯顿人去德捷边境的乌斯季剪头发，还真是不奇怪。

高档私家车变成“自制皮卡”，实用最重要

“在发达国家，车只是代步工具，不是身份象征”，这句话我们已经听得太多，可老外究竟有多“不爱面子”，你得亲身经历才能真正体会。

在德国，好车随处可见，奔驰宝马稀松平常。最扎眼的却是街上常见的

除了奔驰宝马的旅行款拖房车或小船之外，直接开房车也是许多德国人的度假选择。

一景——小车后面拴着个车厢满街跑。

这种车厢跟皮卡后面的货箱差不多，大都是敞开式。它有两个或四个轮子，与小车相连，在高速公路上也常能见到。有些人用来运货，有些人用来放自行车，我见过的最夸张的一幕，是一辆大众途锐拖着一节车厢，上面放着一艘小号游艇！拖马的也有不少，马儿被拴在车厢上，左顾右盼，怡然自得。

这种把私家车变成“自制皮卡”的做派，在某些中国人看来绝对是土得掉渣的行为，即使真的有此需要，面子上也放不下来，可在德国却很寻常。而且，后面的车厢大同小异，前面的车子却是蔚为大观，有德国“国民车”大众高尔夫，有廉价的日本车，有越野车，还有跑车……我见过的最昂贵的“自制皮卡”是一辆奔驰 S500，这款车型在中国售价高达两百多万，即使在德国也属豪华车序列，可车主却满不在乎地在后面拖上一个车厢，丝毫不觉得有损面子。

在德国，三厢车的比例则远远低于两厢车和旅行车，甚至基本见不到。

旅行车在中国并不太受欢迎，尤其是前些年，很多人对旅行车的“失衡比例”颇有微词，认为车尾巴太长太丑。可在德国，这类车型往往是家庭车标配，在租车过程中，我发现最抢手的车型也恰恰是这一类，比如高尔夫和帕萨特的旅行款。甚至中国人眼中的豪华车，德国人也会选择其旅行款，比如奔驰E级和S级。

体贴入微的女性专用停车位

有一次在欧洲自驾游时，途经德国维尔茨堡，因酒店无车位，酒店服务员指点我将车停到几百米外的一个室内停车场。

停车场建于地上，共有五层，一楼架空，除入口外还有洗车场，正式停车位都在二至五层。驾车开到二楼，只见迎面便有一排车位，空着大半，我正打算停进去，突然发现这排车位前的墙上有裙装女士标志。仔细一看才明白，原来这一排是女性专用车位。德国人素以严谨守礼著称，看来也不会有男司机抱着“谁知道我的车到底是男司机还是女司机”的态度霸占这些女性专用车位，也正因此，尽管停车场使用率极高，但这排女性专用车位倒还空了不少。

一直开到五楼才找到车位，一路下来也明白了为什么要设置女性专用车位——层间通道狭窄，弯道又急，而且因为梁柱多，过道与车位都很狭窄，无论是倒进去还是倒出来，都极有难度。相比之下，二楼入口对开的那一排女性专用车位，大多可以直入直出，极为便利。

查了查资料，发现德国的特里贝格市早于2012年就推出了女性专用车位。

在该市市长主导下，全市的停车位都根据技术难度标明了“男”和“女”。与我在维尔茨堡见到的情形一样，特里贝格的女性专用停车位相对宽阔，靠近出入口，相对易停。至于那些需要点技术能力，通道狭窄、遍布梁柱的停车位，当然属于男性。不过此举也使得这位市长遭到一些非议，认为他涉嫌性别歧视，因为他主张女性开车不如男性，同时认为他有可能会出台更多性别歧视政策。

德国人讲规矩，“车让人”有前提

德国人一向讲规矩，在他们的理解中，似乎没有什么可以凌驾于规矩之上。

在国内，人们探讨交通问题时，常拿西方国家当正面教材。这原本没有任何问题，因为人家确实值得我们学习。但有些以讹传讹的观点，反而会造成另一种错误。

我听过最多的错误认识，是将礼让凌驾于规则之上，比如“在国外都是车让人”“在外国开车就得互相避让”之类的说法。其实这些说法都很片面。“车让人”一说，在美国确实存在，但在欧盟体系内，基本就得加上“人行道”这一前提。换言之，你走人行道，车必须让你。而在没有人行道的拥挤闹市、老城区的狭窄街道，或者如超市、医院的门口，车子基本也会让人。但在快速公路乃至高速公路上，如果你随意横穿，那就等着被撞飞好了，因为没有司机会认为这样的路段会有行人突然蹿出来，他们不会减速也来不及减速。对这一点执行最佳的当然是规则至上的德国，行人和车子各行其道，规规矩矩。而在一些欧洲“二流国家”，比如法国、荷兰，你偶尔也会见到“中国式过马路”，

乡间公路常可见骑行者，逢超车区绕过即可。

但他们也只会选择在确实无车的安全状态下通过，不会与车争道。

至于“在国外开车就得避让”，同样是将礼让置于规则之上，很容易出问题。我在国内开车时有个习惯，每当经过路口，都会下意识放慢速度，最低限度也是将脚放在刹车上随时待命。这当然是个好习惯，因为在国内开车，你随时会遇到看都不看就从岔路口拐出甚至强行再变道的司机、随时杀出来的电动自行车，还有不走人行道的行人，放慢速度、随时刹车当然更为安全。但海外自驾时，我会时刻提醒自己放弃这个好习惯，因为它随时会酿成事故。从路权概念来说，直行车辆享有路权，岔路口车辆必须遵守路口的路权标志，确保安全状态下才能驶出。因为直行车辆只会毫无顾忌地全速前进，如果你在路口习惯性放慢速度，反而会让后面的车辆猝不及防，造成追尾。

所以，“车让人”有前提：行人也得守规矩，也得给司机留下刹车放慢速度的时间。

自驾天堂靠的是健全的法规制度

有一回在德国中部的埃尔福特吃午餐，餐厅是一栋数百年的老建筑，坐在室外，艳阳高照，使得晚冬不再有寒意。菜肴好吃，鱼肉尤其鲜美，顺便叫了一个冰激凌甜品，杯子比那种大啤酒杯还高 10 公分，甜品堆得又比杯子更高，简直超实惠。

如此惬意，侍应当然建议来一杯。毕竟国外不像我们中国，在餐馆坐下来就先有一杯免费白开水，在这里喝什么都得点单。我们犹豫了一阵，没想好要喝什么。本来倾向于啤酒，我们并不贪杯，每次只点一杯分饮，但准备饭后溜达一阵，就前往另一个城市，酒后驾车可不好。

侍应见我们犹豫，便力推啤酒，我们表示等下要开车，无法畅饮。侍应听了，叽里呱啦外加手势说了一大堆。毕竟是前东德地区的城市，民众英语水平比起慕尼黑、法兰克福这种大城市差得太远，我们只能听明白他说喝酒没问题，不影响开车，但千万别喝多。按照他比画的手势，是让我们只喝一杯。当然，为了安全起见，我们还是拒绝了他的好意。

不过，德国真的可以酒后驾车？

赶紧拿出手机查了查资料。在德国，酒后驾车要被处以 500 欧元的高额罚款，外加扣分，但酒后驾车的界定是指血液中酒精浓度低于千分之五，相当于一瓶啤酒。另外，21 岁以下的驾驶者不允许任何酒驾行为，低于千分之五也不行。

总体来说，德国的交通处罚政策相当严格。2014 年 5 月 1 日，德国开始执行新的处罚政策和积分体系，驾照总分改为 8 分制，被扣 1—3 分将被登记

就是在这家埃尔福特的老餐厅里，侍应建议我们喝一杯，但稳妥起见，我们拒绝了。

记录；4—5 分将被警告并自愿参加补习课程，如果参加课程可少扣 1 分；6—7 分会被严重警告并自愿参加补习班，不会因为参加补习班而减少扣分；8 分直接吊销驾照。

在具体处罚上，仅举几例：开车打手机罚 60 欧扣 1 分，冬天不使用冬季轮胎罚 60 欧扣 1 分，儿童不系安全带或不使用安全座椅罚 60 欧扣 1 分，闯红灯（红灯亮后 1 秒）罚 200 欧扣 2 分，违反先行权罚 70 欧扣 1 分，危险超车罚 100 欧扣 1 分，酒驾（酒精含量超千分之五）罚 500 欧扣 1 分，转弯不回头看行人或骑自行车者罚 70 欧扣 1 分，另外在市区或郊区等超速也将受到不同程度的罚款和扣分。部分违规还会遭到不同程度的禁驾（从 1 个月到 3

个月不等）。

如果是交通犯罪，将直接吊销驾照。如果扣分后两年内无再次扣分，可消除记录，交通犯罪行为记分 5 年后，也会自动消除记录。

值得一提的是，2014 年的新规在处罚力度上明显大过以往，比如开车打手机的罚款就从 40 欧元涨到 60 欧元。德国这个自驾天堂，依托的不仅是性能出色的车辆和路况，也不仅是文明的社会基础，而是有严格而健全的法规做保障。

为安全起见，汽车严禁使用防爆膜

在国内买车，贴个防爆膜几乎是标配，因此也带动了不少下游厂商。不过在德国乃至欧洲，防爆膜不但不是标配，还是严禁使用的配置。所以，在德国开车，你可以清楚看到旁边车辆里面的情况，当然，反之亦然。

这当然会让习惯了隐藏在防爆膜背后的我们有些不习惯。国人喜欢防爆膜，“防爆”功能尚在其次，主要功能其实是防晒，尤其是女性开车怕晒，我甚至还见过戴套袖戴口罩的女司机。再一个功能就是关乎隐私，说起“隐私”，有些人会坏坏地想到“车震”，其实这也只是隐私的一小部分了，在治安并不太好的地方，被砸车窗窃取物品的事情时有发生。我有个朋友最倒霉，过年时在车头放了几个利是封，其实纯粹只是为了图个吉利，里面各放了五元钱，结果也被砸了车窗。估计盗窃者也不熟“行情”，打开红包会后悔吧。若有防爆膜，可以遮挡车内情况，反而相对安全。

在德国你不可能看到贴着防爆膜的车。这不是因为德国人不怕晒，而是为了便于警察迅速了解车内情况。

在欧洲，其实也有砸车窗的风险提示。高傲的德国人认为自己地头没这事儿（事实上也确实没有），但周边国家会有，尤其是捷克和匈牙利。所以，如果在德国租车，但又要前往捷克和匈牙利这样的国家，车型往往会受限制，豪华车型不予租赁，只能租普通车型。另外，保险的起赔额也会大大提高。租车公司还会提示你，停车离开时，千万不要在车内显眼处留纸片之类的东西，免得被人误以为是钱或支票。客观来说，捷克和匈牙利的治安或许确实比不上德国，但也非常不错，我几度前往这两个国家，都只感受到平和安逸，非常安全。只能说，这是因为德国人的高傲吧。

抛开砸车窗这事儿不说，最让我们不习惯的应该是没了防晒屏障。我倒不是怕皮肤晒黑，只是怕影响驾驶。欧洲的旅行旺季当然是夏季，天亮得早黑得晚，日照时间长达十五六个小时，温度多半在二十多摄氏度，十分宜人，仅有南欧较热。可夏季的阳光非常厉害，没有防爆膜的遮挡，晒黑倒是其次，关键是阳光过于刺眼，难免影响驾驶。所以，墨镜才是司机的标配。我每次出游前列物品清单，墨镜都排名靠前，仅次于护照现金信用卡等，堪称必备神器。

为什么德国严禁车窗贴防爆膜？因为一旦出现紧急事故，要便于警察迅速观察到车内情况。这种事故也不仅限于交通事故，试想，如果有人停在路边，在车内突发心脏病，没有防爆膜，就很容易被发现，但如果有了防爆膜，尸体发臭了也没人知道。这样想来，德国人的一刀切还是有合理性的。

地铁不检票，但没有人逃票

记得头一次搭乘德国地铁时，在自动售票机那里好一通折腾，后来终于在当地热心人的帮助下完成。回来后想写个心得，结果险些被嘲笑，因为总有那么一些“逃票族”，出门旅行时想尽办法逃票，德国完全无检票、进出自由的地铁系统，甚至被一些人称为“逃票天堂”。

德国的地铁站完全没有闸口，火车站同样如此。一座地铁站往往有多个出入口，从马路可以直达站台。如果是城轨和地铁互通的大站，即使分了几层站台，也是彼此直接互通而不需要任何检查。

依我所见，在欧洲，越是经济发达、社会安定的老牌强国，地铁站的检票环节就越松，甚至压根没有，如德国、比利时等都是如此，越是经济相对较弱，近年来才加入欧盟阵营的国家，如匈牙利，地铁检票便越严格，甚至有专人把守，可见经济发展与社会风气的关系。

但要说德国地铁无检票完全是拜德国民众的高素质所赐，那也是过誉，即使高素质占了绝大多数，但也无法确保没有逃票，所以，德国人乃至欧洲人在这方面仍有制度约束，比如流动抽查，一旦发现有人逃票，就会开出高额罚单，一般都是票价的数十倍，比如德国的额度是 40 欧元，比利时更高，为 80 欧元，西班牙更是高达 100 欧元。如果是第二次被抓到逃票，罚款则会翻倍，屡犯者还会收到法院传票。更重要的是，这样的劣迹会被记入个人诚信档案，直接影响信贷、求职和各种福利申请。

与颇为简陋的地铁站一样，德国地铁也挺简陋。有意思的是，人们上车时需要按按钮开门，下车时同样需要按按钮开门。这或许会让我们不习惯，但却符合德国地铁的实际情况——人少，有时一节车厢里一个人都没有，根本无须开门，所以按钮开门更为合理。

也正因为人少，所以你平时乘坐的德国地铁，即使是同一站点、同一条线路的车，车厢长度也大有可能不一样，因为德国人会根据高峰和空闲时段安排车厢。也正因此，德国地铁车厢每节都是独立的，而且均可双头驾驶。

集合大数据和车联网概念的停车系统

共享单车成为“中国新四大发明”之一的时候，曾有人称德国人非常不看好这门生意，甚至将之称为“愚蠢的模式”。是否真有此一说，查无定论，但德国人不喜欢中国人的互联网经济模式倒是真的。

说起国内的互联网经济模式，许多人张嘴就是转化率、流量导入等名词，套路也很简单：提供一个入口，获取大数据之后，再去卖东西。换言之，中国互联网经济到最后，其实都是通过流量去卖东西。

有人举过一个事例进行对比，那就是2015年曾圈钱2000万美金，几个月就把这笔钱烧个干净的某洗车公司。它提出的模式就是通过上门洗车获取流量，然后引流卖轮胎、卖汽车用品。这也是这几年来我们特别熟悉的“创新”模式，但它的失败显然说明这种模式不但急功近利，而且很难有效果。

按照德国人的思路，这种做法之所以没有效果，是因为它根本没有创新，而且并没有真正通过互联网改变人类生活。在德国，洗车早已自动化，每个加油站都有洗车服务，大型洗车中心也有不少，都无须排队。上门洗车更是无效，因为没有专用设备，效率低下，而且太浪费水，不利于环保。如果将风投资金投入这种项目，其实是社会资源的极大浪费。

与之相对的是同期德国西门子推出的集合大数据和车联网概念的停车系统。去过欧洲的人都知道，开车容易，但在城市内（尤其是老城）找停车位特别难。西门子的这个雷达停车位系统正是基于这一点，它首先尝试在柏林的街头路灯上安装停车位搜索雷达传感器，每一个探测器能扫描30米范围的路面状况。扫描结果数据将通过智能手机App传输给用户，通知用户哪里有符合他们车辆尺寸的潜在空位，然后导航仪自动将用户的目的地到达区域指向附近这个空位。也就是说，德国人对互联网的运用，倾向于解决实际问题。

也正因此，有人这样总结：“‘滴滴打车’在德国没法红，因为所有的出租车公司都有自己的App和预订电话，而且车辆配置合理。‘飞常准’拿不到风投，

在德国停车是一门学问，稍不留神可能就会停错。

因为所有的机场和航空公司都有自己的 App 和移动网站，而且飞机很少航空管制。‘余额宝’不可能秒杀银行，因为所有的银行早有网络营销和 App 移动产品，而且金融监管严密。”

立体停车场：巧用城市空间

这两年，网上经常流传一个帖子，标题不一，大概意思是“德国人逆天了，看看他们的停车场”。帖子内容是一个筒状高楼式立体停车场，车位全部悬空，极具科幻感，用两个机械吊臂将车子吊上空中车位。很多人为之惊叹，感叹德国人逆天的同时，也痛斥自己所在城市的落后。

但这显然是误会——德国的停车场跟中国的差不多，也是路边停车位、露天停车场、地下车库和停车楼这几样。帖子里那个立体停车场也不是民用停车场，而是位于德国沃尔夫斯堡的大众总部仓库，只是用于存放新车，而且车子都已被预订，最多两周就会发货。不然的话，凭那两个吊臂一上一下，一天能停多少辆车？

这座停车场有两栋 23 层 42 米高的停车楼，外形是写字楼造型，内部却被隔成一层层一个个车位，每栋楼可存放 500 辆汽车。它曾凭借出色的科技感，在汤姆·克鲁斯主演的电影《碟中谍：幽灵协议》中出镜。

沃尔夫斯堡即狼堡。1938 年 7 月 1 日，在希特勒的授意下，大众汽车公司成立，并在名为“狼堡”的城堡外建立了一座新城市，也就是厂址所在。20 世纪 90 年代，大众汽车公司在工厂旁建立了“汽车之城”主题公园兼博物馆。这两栋停车楼，堪称现场最抢眼的建筑之一。

不过，德国确实是最早开发立体停车场，也最早将之用于使用的国家，毕竟立体停车场可以充分利用城市空间。

在德国仅次于法兰克福和慕尼黑的第三大空港——杜塞尔多夫机场，可以看到机器人停车系统。只要司机将车子放在入口指定区域，停车机器人就会将车子停好。它主要是通过系统检测车辆长度，然后通过叉架将车子抬起，放在它认为最合适的地方，全部过程自动完成，无须人力。

如果想取车走人，则可以通过手机 App 确认车辆状况和取车时间，机器人会自动将车子移动到出口附近，方便车主快速取车回家。

如此一来，人们就省去了一层一层找车位的时间，要知道，在车辆极多的德国，在多层停车场里出出入入上上下下找车位可不是简单的事，花时间不说，路也窄。

但这种机器人停车场眼下当然无法普及，毕竟价格摆在那里，一小时 4—5 欧元的价格虽然也不能说贵到离谱，但比起普通停车场毕竟已经翻倍。尤其是对我等并非出入杜塞尔多夫空港的过境游客来说，最多只会专程前往观摩一下。

另一种电子化倒是常备，那就是智能停车疏导系统。其实在中国的一些大城市，还有珠三角、长三角的一些富庶小城，市区里也已安装了不少类似系统，虽远未普及，但中心城区或繁忙地带已逐渐铺设。系统将通过电脑控制周边停车场，通过感应仪器观测汽车进出情况，在街边的指示牌上显示剩余停车位数量，供车主参考。德国乃至欧洲其他发达国家，这一系统的普及率已经极高，覆盖各个街区。

所有的停车场，残障人停车最方便

自驾旅行的人都知道，在欧洲租车不贵，高速路收费也便宜，德国等国家干脆免费，但停车则比较麻烦。

欧洲的老城市普遍路窄，虽然走在老街上宛若置身童话世界，可要找个停车位真心不易。而且，路边停车位比较复杂，有些是限时段收费，有些是限时段免费，有些是限时段可以停车，还有些是住宅专用停车位。另外，路边车位周末免费，但专用车位不在此列。

如此复杂，别说我这种异国游客，就算是本地人也未必能搞得清清楚楚。在德国这种非英语国家，当然更麻烦一些，毕竟看不懂，有时只能靠猜。好在德国人普遍严谨又热心，既容得你犯错，又会很友善地给你讲解。

有一次我在德南城市雷根斯堡的一个小停车场停车，停好了正准备走，一个大叔乐呵呵跑来，告诉我这个位置不能停，我顺着他的手指一看，才发现车位前有个牌子，刚好被树荫遮住一半，所以未曾留意——这是一个工程车车位。大叔很是热心，还告诉我他正准备开车走，让我停他的位置。这类停车场和路边停车位，有时也会有免费时段，比如仅工作日的早上八点到晚上八点收费，每晚八点到次日早八点以及周末都可免费。这跟停车区域的繁忙程度有关，如果是车流量极大的路段，很可能没有免费时段，甚至还有停车时间限制，如果是比较冷清的路段，甚至还可以全天免费随意停放。

还有一次，我前往德西城市美因茨，入城后经过几个街区，清一色的三层左右的洋房住宅，颜色、外观各异，门前有花园，人行道外有停车位，再以花坛与马路相隔。行道树十分茂密，落叶纷纷，十分漂亮。看了看导航，此处距离目的地仅数百米，便打算在这里停车。谁知刚刚停好车，对面楼里便跑出一位阿姨，指指点点说了一大通，原来这条街上的车位都是住宅专用。然后她向我指路，告诉我向河边开，会有几个大型的地下停车场。

后来我就搞明白了，如果路边停车位附近的指示牌写着“Bewohner mit Parkausweis”或者“Bewohner Frei”，就意味着此处仅限该区域内的居民停车。

据说，德国社区居民只要有车有驾驶证，就可以申请停车证，停车证数量按实际拥有车辆发放。一辆车每年的停车费都是象征性收取，不过几欧元。如果你所住社区不幸车多车位少，政府就有可能把你撵到附近的商用停车场，比如商场地下车库之类，但你不用担心这些地方相对较高的停车费，因为政府会帮你掏钱。

对游客来说，路边停车还有预估时间的问题。路边停车位都需要先在咪表处交费，一般以小时或半小时为单位，自己预估停车时间，然后交钱，将小票放在挡风玻璃处即可。

只是，有时只是路过某个城市，或者吃顿饭就走，或者只是在市中心随意逛逛，或者只是为了去看看一座教堂，将时间预估太多当然是浪费，但预估太少就有超时吃罚单的危险，毕竟时间不受自己控制，比如吃饭时餐厅上菜太慢，事先并不知道所去景点需要漫长的全程导览等，都是不可控因素。也有一些时候，原本只是打算路过一瞥的小城，以为停上两个小时就已足够，谁知惊喜连连，来了就不想走，决定消磨一天，这种情况下就得屁颠屁颠地跑回停车处再交钱打票，延长停车时间。至于眼看停车时间已到，大步流星甚至一路小跑地赶向停车位，引来慢悠悠的欧洲人侧目，我也试过不少次。

露天停车场的情况也一样，都是要在咪表处先预估时间交费，但停车场毕竟大，比路边更容易找到停车位。

其实更好的选择是大型的地下车库和停车楼。入场时先取卡或取票，出场前在自动缴费机处刷卡刷票，按照提示的交费数目塞入纸币和硬币即可。既然是停多久花多少钱，自然不存在预估时间的问题。所以我总会优先选择这样的停车场，只是花费会稍高一点。

有一点需要注意，不管什么样的停车场，最方便停放的一定是残疾人车

在某些停车场，残疾人车位是距离厕所最近的。

位，至于路边停车位，最靠近交费机的也是残疾人车位，没有残疾人车辆证明，可千万不要停上去。

常见有人吐槽德国停车贵，比如“停了两个小时就收了我 7 欧元”“一个小时居然 2 欧”之类。其实跟花 0.5 欧元上厕所一样，很多人嫌停车贵，是以中国的人均收入作为参照，但停车主体毕竟不是我等自驾游客，而是当地人，以德国人每月平均 3000 多欧元的收入，停车费并不贵，何况平时主要使用的还是住宅专用停车位，更是便宜。

更重要的是，放眼欧洲发达国家，德国的停车费简直是业内良心，大城市的路边停车位、露天停车场，大多是 1—2 欧元 1 个小时，小城市普遍在 1 欧元 / 小时，大城市大商场的地下车库每小时在 2 欧元左右，小城市则是 1—2

欧元之间。大商场地下车库全日停会有封顶价，一般在 20 欧元上下。如果是专门的地下停车场或者停车楼，价钱会比商场低一些，我见过最贵的也不到 20 欧元。当然，也有一些城市相对比较贵，停车费可能会达到 3 欧元 / 小时。

如果你嫌这个价格太高，那请你看看隔壁荷兰的数据：在阿姆斯特丹停车，路边车位基本上 4—5 欧元 / 小时，而且基本不可能找到空车位，所以大商场的地下车库是最佳选择，但停车出来要走很远不说，停车费也很吓人，如果选择过夜的全日停，市中心随时可达 50 欧元。当然，荷兰停车贵是有意而为之，一方面是为了环保，另一方面是为了解决市内拥堵。阿姆斯特丹市郊还建了 8 座大型停车楼，收费低廉，单日在十几欧元左右，并且跟电车系统接驳，完全可以选择在这些停车楼停好车，然后再转乘电车进入市内。

其实德国也有这样的停车场，也就是所谓的“T+R”，它们都在城市外围公共交通站点周边，方便人们停车后可以直接搭乘公共交通。价格方面非常低廉，最贵的为 2 欧元 / 小时，便宜的 0.5 欧元 / 小时，甚至免费，慕尼黑便是免费，但不能过夜。

另外，在小城镇里常常可以找到免费停车位甚至停车场，毕竟地方大人又少，随便一块空地都可以被当地人当成停车场使用。

不管怎么说，在欧洲发达国家之中，德国停车是最便宜的，而且停车场多，停车最易。

时钟拨盘：可免两小时停车费

在德国，常常可以见到限时免费停车的路边停车位。碰上这种停车位，你就偷着乐吧，因为你可以享受免费停车两小时的待遇。

但是且慢，这种停车位又没咪表，你怎么才能让交警叔叔知道你的停车时间没超过两小时？这就需要一个德国人必备的工具了——纸质的时钟拨盘。停车时，就把时钟指针拨到停车时间，两小时内赶回来即可。交警叔叔如果路过，就会看一眼，超过两小时则开罚单。

记得第一次去德国自驾时，租车公司忘记在车上配备这东西，我又缺乏经验，没有主动索要。结果跑到班贝格市，在山顶一个教堂门前的停车位好一通纠结。本来我还不知道这是限时免费车位，下车后还到处找咪表，却遍寻不获，问了路人才知究竟。班贝格极美，一河两岸被称作“小威尼斯”，环山而建的宫殿、教堂和民宅更是精美，到处都是蜿蜒曲折的石板路，堪称我最爱的德国城市。但这里停车也不太方便，好不容易找到个车位，还能免费

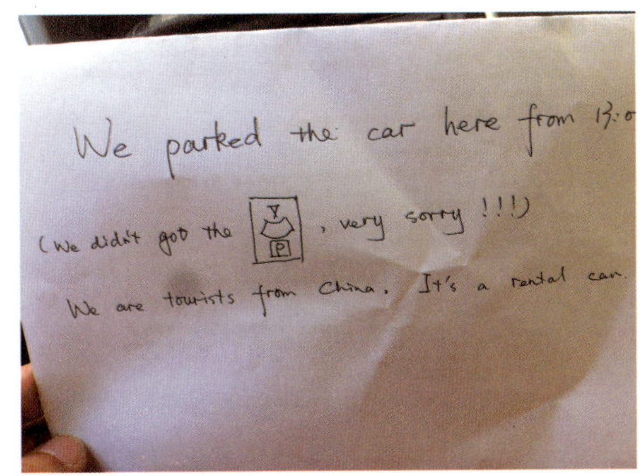

我们忘记跟租车公司索要时钟拨盘，就只能留字条了。

停上两小时，却没有时钟拨盘，咋办？

后来我们想出一个主意，拿了张白纸，在上面画了一个时钟，时针指向停车时间。然后在纸上用英文写了一段话，大概意思是“我们是来自中国的游客，因为没有经验，租车时没有拿时钟拨盘，所以自己画了一个代替，还请见谅”。

在附近逛了两小时后，我们回到这里，准备开车前往山下。我们并未见到罚单，也不知道交警叔叔来过没有，如果来过，看到我们这张自制时钟，有没有哈哈一笑。

后来就有了经验，每次提车时必先检查有无此物。但毕竟是游客，有时候用起来就会闹笑话。

有次在德西小城特里尔，我将车停在一个限时免费两小时的车位处，这排车位贴近一个街心公园，古树参天，靠近著名的黑城门。两小时后，眼看着限免时间临近，我沿着当地最旺的商业大街一路小跑，冲回来准备把车移走。结果旁边一个大叔探着脑袋看了看我放在挡风玻璃前的拨盘，先是竖竖大拇指，对守规矩的我表示赞许，随后又叽里呱啦说了一大堆。弄了半天我才搞明白他在说什么，但我个人觉得，明白还不如不明白呢，因为会觉得自己很傻——原来，他告诉我，今天是周末，这里全天免费停车，根本不需要放这个拨盘，更不需要跑回来拿车！而我作为一个天天都在路上享受假期的游客，恰好压根就没周末的概念！

用这个东西，其实也需要高度自觉，切勿有贪小便宜的心理，比如专门把时钟向后拨一点，延后自己的停车时间，就有失诚信。我还见过有攻略说，如果你就在附近游玩，那别怕辛苦，临近两小时就回来一趟，把时钟拨到最新时间，就可以再停两小时。这种钻空子的做法，其实德国人基本是不会做也不屑做的。

关于拨盘，还有一件小事，并非发生在我身上，但也让我印象深刻。我的一位朋友，某年夏天全家赴欧自驾，在德国德累斯顿碰上了限免停车位。她们那次是头回欧洲自驾，同样缺乏经验，租车时也没要时钟拨盘，结果碰上了一位正准备开车离开的好心人，不但为她们讲解，还把自己的拨盘直接送给了她们，祝她们旅途愉快。

针对大学生的交通优惠暖心计划

去欧洲旅行，很多人会选择欧铁和廉航组合的方式。相比之下，欧洲的航空公司票价便宜，一般都是几十欧元，还经常会有 20 多欧元的超低价机票可抢。但对游客来说，即使飞行时间只需一个小时，搭乘航班前前后后也需要花上大半天，毫不划算。所以，欧铁是相对主流的选择。

德国的铁路状况在欧盟内部也算数得着的，不过价格也不低。这当然跟运营成本有关，因为乘坐的人太少了。我也曾坐过两三次德国火车，一节车厢里往往只有寥寥数人，有一次甚至还包了整节车厢。之所以坐火车的人少，是因为德国高速公路实在太发达，大多数国内目的地乃至周边国家的目的地都可以开车抵达，路上累了，每隔十几二十公里就有服务区，大的服务区更是可以一站式解决吃饭睡觉等问题。费用也相对低廉，毕竟除了油费就没有其他费用。

火车作为基础设施，必须要运营，但乘坐的人少，就只能通过提高票价来维持成本，这就是德国铁路的现状。

当然，德国火车的贵，主要体现在单程票价上，单次行程的百公里均价几乎达到20欧元，比我们的高铁贵多了。不过说实话，不仅是火车，地铁等市内交通，单程票也是最贵的对不？德国人还是提供了多种组合选择的，比如州际票，即只在本州使用。这种州际票不但有单人票，还有多人票，有一天票，也有三天票，可以在期限内任意乘坐州内火车和城市公共交通，如果坐得多，会比国内还便宜得多。当然，熟悉日本的人都知道，在这种模式上，日本人玩得最出神入化，德国人还真不算什么，这也跟德国人并不太依赖铁路有关。

还有一个好选择是长途大巴。欧洲国家的大巴普遍条件不错，好一点的汽车公司，车上会采用航空公务舱式座椅，影音设备齐全，还有小型咖啡厅，几个小时的车程一点也不嫌累。价格方面，比火车便宜，甚至比中国长途大巴便宜，至于车上条件和卫生更是天地之别。

值得一提的是，在德国，针对大学生的交通优惠力度极大。比如乘坐当地市内公共交通是免费的，州际内火车多半也会免费。

全社会对工业的敬畏，成就了“德国制造”

大到飞机、汽车，小到一把刀、一支铅笔，其生产过程都深深刻上了“德国式精致”的印记。“德国制造”的百年口碑，靠的是精益求精的工匠精神，也离不开全社会对工业的重视。

奔驰汽车，不只是名牌，更是一种精神

世界上第一辆汽车、世界上第一辆四轮汽车、世界上第一辆摩托车、世界上第一辆公交车、世界上第一辆卡车、世界上第一款现代意义上的汽车底盘、世界上首款采用柴油发动机的量产乘用车、世界上首个采用机械增压发动机的车系、最早使用安全气囊的汽车……除了奔驰博物馆，还有哪家博物馆能集中如此之多的“世界第一”？

奔驰对于汽车业的意义，绝非一个豪华品牌这般简单，它几乎就是一部完整的汽车史，既是开创者，也是潮流引导者，且至今屹立不倒。

奔驰的开创者是卡尔·奔驰，他幼年丧父，年少清贫，勤工俭学，做过学徒，创业一度濒临破产。如果故事到此为止，那就是一个穷小子未能改变自身阶层的悲剧故事。但他所处的时代，正是一个提倡通过发明创造改变人生的时代，他也走上了这条路。

后来，他发明了单缸汽油发动机，并将之安装在三轮车架上。1886 年 1 月 29 日，他为这个发动机加三轮车的组合申请了专利，即世界上第一个“汽车制造专利权”，这一天也被认定为世界上第一辆汽车诞生之日。

当然，奔驰汽车史上的关键人物并非仅有卡尔·奔驰，还有戴姆勒和迈巴赫。1886 年，也就是卡尔·奔驰发明第一辆三轮汽车的那一年，戴姆勒发明了第一辆四轮汽车。这两个相隔不足百里的发明家，此前从未谋面，此后的人生里也未谋面，但正是他们，合力催生了那个几乎代表了汽车发展史的名字——戴姆勒－奔驰。

1890 年，戴姆勒汽车公司成立，迈巴赫设计了第一台直列四缸四冲程发动机。后来，迈巴赫选择离开，并与儿子一起创建了另一个传奇品牌——迈巴赫。

1926 年，卡尔·奔驰的汽车公司与戴姆勒汽车公司合并，即戴姆勒－奔驰。此时已经 82 岁高龄的卡尔·奔驰亲眼见证了这个德国汽车巨头的成立。可惜的是，戴姆勒已经去世，两位地理位置上极为相近的汽车业先驱终究缘悭一面。

奔驰拥有的并不仅仅是世界上第一辆汽车，在整个汽车史上，它的地位都举足轻重。所以，畅游奔驰博物馆，即使只是单一品牌，仍像历经百年一般，能够深刻感受到汽车生活的种种变迁。

梅赛德斯－奔驰博物馆的历史最早可以追溯至 1923 年。1961 年，戴姆勒－奔驰公司建了一座更大的博物馆，并用以庆祝公司成立 75 周年。1986 年，为庆祝公司成立 100 周年，博物馆再次扩建。

但我们现在能看到的奔驰博物馆，其实已非这座一再扩建的老馆。2006 年 5 月，为了记录 120 年的光荣和梦想，梅赛德斯－奔驰公司将汽车博物馆迁移到斯图加特这个奔驰品牌的诞生地。

这座建筑面积达 16500 平方米的博物馆，涵盖了奔驰品牌的发展历程，共收藏了 160 辆各个时期的奔驰车型，其中有 154 辆是原件。

我去过许多汽车博物馆，每个都主打名车，自然各擅胜场。但这也容易流入一个怪圈：汽车博物馆越来越像一个汽车展厅，而非博物馆。相比之下，奔驰博物馆也许是各大汽车品牌博物馆里最不像展厅的那个，也是最有情怀的那个。毕竟，作为汽车业先驱，奔驰有讲不完的故事，讲不完的辉煌。

博物馆的设计本身就是艺术。它出自著名的荷兰 UN Studio 公司之手，外部极富金属质感，内部则以两条围绕中庭螺旋攀升的坡道衔接起各个空间。

这个双螺旋结构，构成了两条参观路线，一条是传奇路线，展示不同年代的车型，一条是收藏路线，展示奔驰品牌的多样性。参观者并不是从一楼开始参观，而是先乘坐电梯上八楼，再一路向下。这种流线设计引起了建筑界的一股风潮，如今你在世界各地的不同展览馆都可以见到类似设计。

有意思的是，因为双螺旋设计，参观者可以自由切换两个区域。而且，不同展馆的采光都有讲究，如传奇路线的空间都采用人工照明，光影中可见历史；收藏路线的展馆则有一大圈玻璃窗围绕，采自然光，车辆在光影中流动，让人更能接受它们在现实中的种种作用。

更有意思的是，展厅入口的第一个陈列品不是车，而是一匹马。奔驰的意思大概是“不忘初心”，可据说我们中国人更喜欢将之理解为“马上有车”。其实，它是威廉二世的座驾。

要说奔驰博物馆的镇馆之宝，当然是位于“传奇 1”展厅里的“世界第一辆汽车”。那份世界上第一张汽车专利说明书，也被视为汽车的“出生证明”。

也是在“传奇 1”展厅里，还有戴姆勒和迈巴赫于 1884 年一起设计的直立式单气缸发动机，由于其外观的原因被形象地称为“老爷钟”，其结构轻巧，很适合安装在汽车上。这款发动机最先被安装在双轮车上，这便是世界上第一辆摩托车。不过，博物馆里这辆车并非原车，而是 1905 年制造的样车，原车在 1903 年于火灾中被烧毁。这也是博物馆的 150 辆展车中，仅有的几辆非原车之一。

作为汽车业先驱，素未谋面的卡尔·奔驰和戴姆勒就像在竞争一般，你方唱罢我登场，轮番制造着“世界第一”。

1889年，戴姆勒在巴黎博览会上展示了一款四轮汽车，展示了大量新技术，包括双缸发动机、四速齿轮传动装置和带转向杆的前轮转向等。

1894年12月19日，奔驰汽车生产出了Omnibus，配备汽油发动机，并在一些市镇间提供运营服务，这就是最早的公交车。

世界上第一款卡车则由戴姆勒在1896年制造，并销往英国，德国第一个卡车客户用这款车运送啤酒。“传奇1”展厅里这辆卡车于1898年生产，也是目前世界上现存的最古老的卡车。

馆内一辆双层巴士极为引人注目，几乎每个参观者都会在它面前流连并留影。这是一辆1904年开始在伦敦投放使用的双层巴士，搭载排量为5.3升的四缸发动机，发动机最高转速1200转/分钟，最大输出功率为21千瓦，最高时速只有20千米/小时，可容纳乘客34人。最吸引人的是车尾的螺旋梯，极具美感。

说到巴士，另一辆红色车身且图案斑斓的巴士也很引人注目，它是奔驰为阿根廷布宜诺斯艾利斯设计的公交车。1940年生产的O 2600为蓝色车身，看起来笨笨的，十分朴实，实际上可是从20世纪30年代一直走红到40年代的巴士车型，是当年的豪华大巴。

最早的机动消防车也是奔驰出品，展厅里那辆1912年的消防车，搭载四缸发动机，最高时速40公里，以当时的情况而言，确实是可以“火速来到”的消防车。

“传奇2”展厅所展示的“梅赛德斯－品牌诞生”时代，从1900年到“一

在奔驰博物馆体验奔驰的前世今生。

战”爆发前的 1914 年，正是汽车工业大发展的时期，梅赛德斯品牌就诞生于这一时代。

其实很多人都曾困惑，既然奔驰的发明者是卡尔·奔驰，既然早期奔驰三巨头是卡尔·奔驰、戴姆勒和迈巴赫，既然戴姆勒公司与奔驰公司于 1926 年合并成为戴姆勒－奔驰汽车公司，那为什么如今我们所熟知的奔驰品牌居然叫“梅赛德斯－奔驰”呢?

这要从一位奥地利商人讲起。奔驰汽车面世后，一位名叫艾米尔·捷里内克的奥地利商人为参加比赛，从奔驰公司订购汽车。当时，艾米尔刚刚有了一个女儿，取名梅赛德斯·捷里内克的爱，他便将爱车命名为梅赛德斯·简单。之所以用“简单”二字，是因为想传达一种“操作简单”的自信。

这位酷爱赛车的商人，在以梅赛德斯·简单赢取比赛后，也意识到车子的商业潜力，不仅又订购了一批车，还获得了该车型在一些国家的经销权。后来，戴姆勒也同意建立“梅赛德斯”品牌，1900 年正式作为商标注册。

梅赛德斯·简单具备了现代汽车的雏形。它的四缸发动机直接固定在铸造车身上，前面是更高效的蜂窝式散热器片。四挡变速，斜置式方向盘，4 个专用凸轮负责点火，直接在燃烧室中工作，这套点火装置与火花塞功能一样。

博物馆展出的梅赛德斯·简单于 1902 年生产，是迄今仍存的最古老的梅赛德斯汽车。这款车大量使用铜制材料，在汽车量产后已经无法见到，但在汽车产量极低的当年，生产者的考量更重质感。

此外，还有一辆展车也属于捷里内克一家，它是 1904 年出产的 60PS。这款车型于 1903 年面世，是梅赛德斯当时的顶级车型，在赛车场上也获得了成功。捷里内克家的这一辆仍然属于女儿，有着舒适的旅行版车身。

也是在这个展厅里，奔驰展示了第一辆现代意义上的汽车的底盘，前置后驱、承载式车身、钢板弹簧悬架、橡胶轮胎和方向盘转向等技术，如今看来寻常，可在当时却具有划时代意义。

在“传奇 3”展厅里，主要展示采用柴油发动机和增压发动机的车型。“一战”后，戴姆勒公司开发了 10/40 PS 和 6/25 PS 两款车型，它们是世界上最早采用机械增压发动机的车系，可以为发动机提供更大的进气量以提高动力。1938 年出品的 260D 则是世界上首款采用柴油发动机的量产乘用车，有着很好的燃油经济性。

“二战”后的汽车产业迎来了史上最为迅速的发展期，奔驰更是如此。1951 年，梅赛德斯－奔驰 300S 作为顶级运动车型推向市场，该车采用双门敞篷设计，时速可达 175 公里。

奔驰 300 SL 可以看作奔驰 SL 级的鼻祖，它采用独特的管状结构车身，重量超轻，为奔驰在“二战”后赢得了多个赛事的奖杯。

展厅里这辆 300SL Coupe，诞生于 1955 年，是 300SL 系列里最抢眼的一款车型。它搭载六缸三升发动机，最高时速 250 公里。当然，最抢眼的还是它独特的鸥翼门设计。不过，这个车门设计本是无奈之举。当时，设计师发现专为此车设计的管状结构使得车身两侧布满管道，车门无法平开，只能向上开启，谁知这一设计却成为引领潮流的坐标。

“传奇 5”展厅所展示的 1960—1982 时代，是汽车产业的另一个新时期，开始更加注重安全和环保，奔驰依然是引领潮流者。被誉为汽车安全领域三大配置的安全带、ABS 和安全气囊，有两个在这一时期被开发出来并广泛应用。奔驰在 1978 年研发应用于民用轿车的 ABS 系统，在 1981 年成为世界上第一个为车辆装上安全气囊的厂家。此外，安全带收紧装置和溃缩式安全车体结构等也都由奔驰发明。

“传奇 6”展厅里最让我感动的不是那些豪华跑车，而是一辆毫不起眼的 300TD。1977 年，奔驰推出首款旅行车，这款 1985 年出产的 300TD 是旅行车中的经典。如今在欧洲，高速路上跑得最多的便是旅行车，也正是它的问世，标志着人类汽车生活的一大转变——不再只是单纯的工作需要或家庭需要，而是延伸到对生活的享受。当我们可以在世界各地自驾畅游时，是不是应该感谢奔驰？

许多人最喜欢赛车，奔驰博物馆里当然少不了赛车。1928 年的 SSK 虽然年头久远，却声名显赫。在奔驰谱系里，有 S 级（运动）、SS 级（超级运动）和 SSK 级（超级运动短轴版）。在那个年代里，三大系列都是奔驰的形象保证，

奔驰博物馆里少不了“拉风”的赛车，其中“银箭”系列更是帅到没朋友。

SSK 更是在多项大赛中夺冠。

不过说起奔驰赛车，“银箭”系列才是真正的传奇。“银箭”系列始于W25 赛车，1934 年，这款车参加德国 GP 赛事，由于要求参赛车辆扣除轮胎、汽油、机油与冷却水后，总重量不得超过 750 公斤，W2 恰恰超重一点点。于是车队经理在比赛前一晚要求技师将 W25 铝合金车体上的白色漆全部刮除以减轻重量，从而顺利获取参赛资格并最终夺冠，也因此得名“银箭”。

在我最尊敬的历史人物中，教宗若望·保禄二世无疑可以排在前三。也正因此，我在一辆其貌不扬的越野车前流连许久。它原本是一辆敞篷越野车，但敞篷部分加装了一个高高的玻璃罩子，里面有一个加高的独立座位，显得挺滑稽。可是，就是它，曾经陪伴“史上走过最多国家的教宗”若望·保禄二世走遍各地。这款车于 1980 年教宗造访德国时使用。1981 年，因为一桩未遂的刺杀事件，这辆车加装了防弹玻璃罩。

20 世纪 50 年代的奔驰梦幻车型 190SL 则是明星们的最爱，猫王也是其拥有者之一。另一辆让我流连许久的是一辆外表平庸的德国三色旗大巴，它是1974 年世界杯的西德队专用大巴，贝肯鲍尔与“轰炸机”穆勒领衔的那支西德队最终夺冠。

不过要说展馆里最早交付使用的名人车，当属戴姆勒于 1892 年生产的一款车型。在众多名人座驾中，它显然是最古老的那个。那年，摩洛哥苏丹向戴姆勒订购此车，他也成为第一个购买戴姆勒汽车的人，也是第一个购买汽车的君主。

展馆里自然少不了中国游客，而且占比颇高，可惜的是，展车却没有任何中国元素。其实，奔驰与中国的关系，最早可以追溯到晚清。1901 年，正当欧洲人为了汽车梦想而努力时，袁世凯也从香港买入一辆奔驰汽车，献给

乘坐过奔驰的名人不计其数，慈禧太后也无法抵挡其魅力。

慈禧太后。但车子送进皇宫后，大臣们纷纷上奏章劝慈禧不要乘坐，以免破坏祖宗之法，中了洋人邪气。慈禧倒是心痒痒，打算坐坐“洋车”，开开眼界。可是，当她见到司机坐在自己的前面，而且与自己平起平坐时，又认为有辱自己身份，命令司机跪下开车。可人跪着当然无法开车，慈禧便放弃了乘车想法，继续坐轿子去了。

如果卡尔·奔驰、戴姆勒和迈巴赫生在那个时代的中国，又会怎样？

为什么保时捷依然延续手工作坊形态

去德国旅行，大多数人都不会错过斯图加特，原因很简单，德国汽车工业冠绝全球，奔驰、宝马、保时捷、大众，哪个不是赫赫有名？斯图加特更是一个厉害地方，同时拥有两大汽车品牌——奔驰和保时捷。

相比堪称一部汽车文化史的奔驰博物馆，保时捷博物馆在文化意味上差了一点儿，更像一个汽车展馆。但大家都会原谅这种差别，为啥？因为它是保时捷嘛！这三个字就代表拉风的跑车，去保时捷博物馆，不就是看车展吗？

如果查过原址，就会知道这个博物馆对德国汽车工业的意义。1938 年，保时捷设计工作室正是迁回了这里。此后，大量经典车型在这里诞生。

德国的汽车博物馆向以颇具设计感的外形著称。由维也纳建筑家德鲁根·梅斯尔设计的保时捷博物馆，以三个 V 形立柱为基础，采用大胆的钢结构，看上去仿佛悬浮在空中，跨度达 60 米。据说，这样的设计展示了保时捷的开放性。

在我们印象中，保时捷以跑车著称，而跑车又很容易被人与竞速联系在一起。但事实上，保时捷在很长一段时间里都是对 F1 最冷淡的跑车品牌。即使在旗下车型夺得首个 F1 锦标赛冠军后，保时捷仍未热衷于竞速。相反，它倒是将在 F1 赛事中获取的空气动力学经验，用于其后研发的民用车型上。也正因此，有人曾说：“同为世界跑车界不可多得的骏马，法拉利和保时捷的取向完全不同。法拉利是公马，保时捷是母马。法拉利从赛道到公路，保时捷从公路到赛道。”

换言之，保时捷身上有着浓郁的德国气质，更偏重实用性。它在量产车

从古至今，保时捷从未放弃过手工作坊精神。

界的表现，其实超出了竞速领域的表现。

这个细节不起眼，但很重要。

在保时捷博物馆里，可以看到这样一组数据：组装一辆新车只需要 9 小时，但检测和调试需要 5 天，出厂则需要几个月。

据说，购买一辆保时捷，从下订到提车，最少也要三个月，某些高配车型甚至需要提前一年预订。保时捷工厂目前约有 7500 名组装工人，另有大约 6500 名研发和服务人员，看起来比例有些奇怪。但保时捷要做的恰恰是着重研发，不在产量上扩张。

资料显示，保时捷除玻璃和发动机外，其他部件均为手工组装。之所以有两样例外，是因为挡风玻璃过于沉重，机器人操作更精准严实，发动机拧螺丝也很费力，同样由机器代劳。以德国人的性子，如果不是因为特殊原因，想必他们连玻璃和发动机也不会放过。

这个生产模式已经维持了许多年，在保时捷看来，好的工人比机器更加可靠。

作为世界级品牌，保时捷的产值却低得可怜。在其他车企动辄千亿产值的当下，保时捷的年产值还不到 300 亿。

原因很简单，保时捷的斯图加特工厂并不大。而且，虽然保时捷在德国其他城市也有工厂，但它的发动机制造和整车组装，都固定在斯图加特的总工厂完成。因此，保时捷每天的产量不过区区 200 辆，年产不足 6 万辆。

换言之，如果以一般车企的规模和产能衡量，保时捷简直不像世界级企业，而是仍维持着手工作坊的形态。

但正是这样的保时捷，才屹立不倒，成为高口碑的象征。而保时捷工厂里那些几十年如一日的老技工，得到的社会尊重与薪金待遇，更是远远超过一般白领。

保时捷确实代表着德国式家族企业的模式：不盲目扩张，精益求精，强调技工的作用，强调技工的以老带新。这些家族企业确实很像手工作坊，却是德国工业的根基。

家族式企业：不忙着贷款，不资本运作

这几年，宝沃这个品牌在中国市场也算有些名气。不过许多人对这个品牌的“性质”摸不清，它到底是德国的百年品牌，还是中国的自主品牌？答案很简单，宝沃是德国老字号，但已停产数十年，如今我们在中国市场上所见到的宝沃，其实是北汽福田买的壳，至于车子本身，就是福田的国产车型。当然，北汽福田通过注资，将宝沃的总部设在德国斯图加特，但它在德国并没有工厂。换言之，目前在德国，你见不到重生的宝沃。

但这不代表德国人不知道宝沃。记得有一次，在德国不莱梅附近的高速上休息，孩子见到服务区的游乐设施就不想走，我们只好坐在露天的长椅上等待。旁边一个德国大叔也在休息，对我们的东方面孔相当好奇，很友善地攀谈，可惜我与他的英文水平半斤八两，基本无法沟通。

鸡同鸭讲了半天，我突然想起一个男人酷爱的话题——车。那时是2016年，正是宝沃BX7亮相车展的当口，不莱梅，不就是宝沃的老家吗？大叔年纪挺大，说不定小时候还见过真正的宝沃呢！我于是拿出手机，搜出一张宝沃车标给他看。

他一看，立刻亮出一个德国人表示赞许的招牌动作——竖起大拇指。德语夹杂英语外加手势，他告诉我，他知道宝沃，那是他父亲曾经开过的车，自己小时候，家里还有宝沃呢，一直用到他长大后。然后他示意我在手机上多找几张宝沃的车型图片，当我指尖划到一张Hansa 2400时，他竖起大拇指，说这个他家曾经有过。指尖再划几下，他又指着图片里的Isabella竖起大拇指，说这个他家也曾有过。

看来大叔小时候家里条件还不错呢，之所以说“小时候家里还不错”，是因为他家里曾有过的两辆宝沃，这两辆当年可都是好车，甚至是豪车。

1952 年，宝沃推出了 Hansa 2400。当时的汽车仍是手动挡的天下，以创新为己任的宝沃则认为豪华车应该使用自动变速箱。于是，它在 Hansa 2400 车型上尝试使用 3 挡自动变速箱，这也是德国历史上第一款使用自动变速箱的车型。

从汽车历史上来看，这款车自然有划时代的意义。但问题是，自动变速箱当时还是个新鲜玩意儿，也意味着高昂的成本，所以这款车的价格也相当可观，因此销量欠佳。大叔家里能买得起这个，还真是“豪门”呢。

至于另一辆 Isabella，则是典型的德国中产家庭用车。这一系列全球累计销售超过 20 万辆，是汽车史上的伟大车型之一。那位德国大叔说自家拥有的，则是诞生于 1954 年的 Isabella TS，也就是旅行版，算是中产家庭第二辆车的首选，在德国乃至全世界都掀起过风潮。

宝沃的创办者是卡尔・弗里德里希・威尔海姆・宝沃，他于 1919 年在不莱梅建厂，是德国汽车工业奠基人之一。宝沃最早以三轮车起家，1934 年研发出搭载 1.1 升四缸发动机的 Hansa 1100，这也是宝沃首款四轮车。

1952 年，宝沃就已尝试缸内直喷技术，但搭载该技术的车型 GP700 Sport 只生产了 25 台。毕竟，直至今日，这一技术仍然先进。

在鼎盛时期，宝沃作为德国最大的汽车出口商，出口量占德国汽车的 63.5%，销售遍及欧洲、北美、南美、非洲和亚洲。

1960 年，宝沃 P100 诞生，采用 2.3L 直列 6 缸发动机，前双叉臂和后摆动轴的悬挂形式，还是德国最早应用空气悬挂的车型。

但也就是在这款车型上市不久后的 1961 年，不莱梅政府对宝沃实施强制破产，这也成了德国工业史上的一宗悬案。

当时，宝沃旗下 Lloyd 和 Goliath 两个子品牌连年亏损，但 Isabella 势头极佳，公司盈利不低，因此破产成了一个谜。

按照主流说法，宝沃的破产确实跟自身的经营有关。当时，奔驰和大众等德国汽车品牌都将利润摆在第一位，也重视成本控制。但宝沃仍沉迷于技术开发与性能提高，却因此忽视了成本控制。另外，过分强调性能，也使得量产车的质量难以确保。

也有人认为，宝沃一直以来都抗拒银行，完全以自有资金发展，因此触怒了银行。至于宝沃破产的直接原因，正是因为国际订单突然取消引发的流动资金突然短缺。此时，银行与不莱梅政府联手给了宝沃致命一击，曾承诺对宝沃提供贷款支持的不莱梅政府突然宣布组成中立会计审核小组，对宝沃调查，并强制其破产。

而在德国报章中关于宝沃破产的最著名论断是：宝沃破产绝对可以写进德国经济史。宝沃创始人对自身技术的过于笃信和对流动资金的不重视，在某一特殊事件的催动下，最终给了别人可乘之机。

作为宝沃当年的重要对手，宝马在这件事中的角色，也是谜案中的重要疑点，至今也没有定论。因为当不莱梅政府取得宝沃的控制权后，立刻聘请宝马董事会成员对宝沃进行破产清算。此外，宝沃研发团队成员大多流向奔驰和宝马公司。宝马 1500 和 1800 更是在宝沃破产后迅速推出，凭借“宝沃式”的时尚风格在市场上走红，成为宝沃破产案的最大赢家。

也正因此，许多人都认为宝沃破产是不莱梅政府和宝马的合谋。宝沃后人声称不再与不莱梅政府有任何来往，不使用宝马汽车，似乎也不是无缘无故。

之所以要把宝沃的故事搬出来，是因为它似乎代表了一类德国企业：家族式、不喜欢贷款、不喜欢资本运作、专注于技术。

宝沃的结局是不幸的，但大多数同类德国企业，却能够熬过风雨，成为德国经济的根基。

工业升级引发现代厨房革命

有一年在斯图加特，偶遇一家橱柜专卖店。大大的落地玻璃橱窗，里面就摆着一套橱柜，店招也十分简洁。探头往店里一看，也就摆了五六套橱柜，特别高冷。抬头一看，哇，是 Poggenpohl，说什么也要进去看看！

Poggenpohl 就是博德宝，德国最顶级的橱柜品牌。之所以要进去看看，不是因为我想买（我根本买不起），而是因为在北上广见到的博德宝专卖店，比这里还要高冷，连参观都要预约！

没错，博德宝就是传说中的一套橱柜几百万元的奢侈品牌。

西方橱柜的发展，与西方建筑和艺术风格的发展息息相关。比如 13 世纪，因为哥特式建筑的发展，厨房也得到灵感，强调局部雕琢所构成的整体感。14 世纪开始，巴洛克风格的细节化影响了整个欧洲大陆，厨房里也出现了各种镀金把手和考究搭配。文艺复兴时期的艺术使得厨房色彩和装饰更具个性和梦幻感，所谓的欧式厨房艺术格调就此形成。

比较特殊的是 1871 年普法战争结束到“一战”爆发的 40 多年间，因为难得的和平，许多欧洲知识分子甚至认为这是最好的时光，而未来将更加美好。这种浪漫与幻想的态度，也深刻影响了艺术，新艺术运动在此时兴起，人们憧憬未来但又怀旧，既享受工业化成果，又不希望工业化破坏旧有的艺术格调。厨房也在这个过程中变得更先进也更重装饰。

“一战”打破了对未来的幻想，加剧了人们对工业化的担忧。这种矛盾作用于厨房领域，就变成了一场厨房改革，现代厨房就此诞生。

主导现代厨房革命的是德国人，他们将“一战”后德国的主流思想融入设计理念，提出“厨房设计是为了大众”。民族主义的盛行，使得这一说法变成了“厨房要为德意志民族创造更好的条件”。众所周知，高涨的民族主义催生了“二战”，将世界带入灾难。但德国人对厨房的改革理念，最终得以成为现代文明的一部分。比如包豪斯首任校长、建筑大师沃尔特·格罗佩斯的那句“我的设计要让德国的每个家庭都能享受6个小时的日照”，就堪称厨房“弃暗投明”的先声。

德国人崇尚的批量生产、理性简洁的设计理念，在“二战”后渐渐因为德国工业的崛起、精益求精的态度，成为橱柜界的一种模板。

到了20世纪80年代，欧洲的厨房设计师们开始思考产品与使用者之间的关系，个性化厨房的理念开始出现。电脑的普及则使得设计制图的时间大大缩短，效果大大提升。因此，欧洲橱柜厂商开始开发自有设计软件平台，追求高效、准确和个性。

在这个过程中，德国人贡献最大。

1892年，一位德国木业工人创立了一家名为Poggenpohl的家具公司，也就是大名鼎鼎的博德宝。博德宝被视为世界上最优秀的橱柜生产商，是许多国家皇室、总统和富豪的固定选择，克林顿和贝克汉姆都是其拥趸。早年上海豪宅标杆汤臣一品用的也是博德宝，如今的一线城市顶级豪宅，使用博德宝的比例也相当高。

创立于 1949 年的 Bulthaup 品牌，中文译作巴托普。它以简约线条、精致做工闻名。这也是受包豪斯极简美学影响最深的橱柜奢侈品牌，居然从不做古典风格的橱柜，坚持只做现代风格。尽管一套橱柜售价高达百万甚至数百万元人民币，但仅仅在白金汉宫，英国女王伊丽莎白二世就拥有 8 套巴托普橱柜。巴托普在 1984 年创造了世界上第一个中岛厨房，改写行业历史。1989 年，它又发明了厨房工作长凳。

据说，世界上有 4 个最顶级的橱柜品牌，除了来自德国的博德宝和来自德国的巴托普之外，还有两个是谁？

一个是来自德国的西曼帝克（SieMatic），一个是来自德国的劳斯（Leicht）。你没看错，它们四个都来自德国。

西曼帝克创建于 1929 年，致力于顶级橱柜的研发与生产，梵蒂冈教皇、普京、范思哲、巴菲特、舒马赫和比尔·盖茨，都是其忠实拥趸。有意思的是，拥有 8 套巴托普的英国女王伊丽莎白二世，也拥有一套西曼帝克，反正我想象不到她老人家要这么多厨房做什么，正应了那句话——有钱人的世界你无法想象。

劳斯的创建时间比西曼帝克早一年，是获得世界级工业设计大奖最多的顶级橱柜品牌。它可算是四大顶级品牌中最为个性化的一个，而且热衷引导流行趋势，以造就“生活家”为己任。

有意思的是，四大品牌都曾被称作“橱柜界的劳斯莱斯”，能不能换个有想象力的词呢？

除此之外，还有一些品牌档次略低，但也是不折不扣的奢侈品牌。比如起源于德国，现在变成德意混血的拉丘娜（Rational），1929 年创办的德国博夫曼（Bauformat）。

比较值得一提的是艾诺（ALNO），这个德国品牌一度占据德国橱柜市场总份额的 36%。我们都知道，德国制造业虽然发达，还拥有 3000 多个隐形冠军企业，但大多数埋头苦干的家族企业，不喜欢上市，很多世界级奢侈品牌到现在仍未上市。在橱柜界也是这样，艾诺居然是德国唯一上市的橱柜公司。艾诺在国内口碑不错，因为它早于 1998 年就进入中国市场，抢了“头啖汤”，混了个脸熟。

德国的柏丽（Nobilia）比较特殊，这个品牌在德国占有率极高，每 4 户人家就有一户选择它。但这种大众品牌，基本就相当于汽车界的德国大众，走的并非高端路线，而是物美价廉的路线。不过来到中国后，地产开发商选择过度包装，将之推为顶级橱柜品牌，并且成为精装修领域的一大卖点。

1998 年，阿尔诺等品牌进入中国，这也是世界顶级橱柜进入中国市场的先声。2001 年，博德宝进入中国市场。先是介入高端工程项目，随后于 2002 年在上海设立内地首个博德宝展厅，2003 年开设北京展厅，2010 年设立广州展厅。广州展厅刚刚开放时，最便宜的橱柜也要 140 万元一套，想参观只能预约。如今，各大顶级品牌多半已落户中国一线城市，对零售客户均提供一对一服务，都采用预约参观制。

目前来说，在顶级橱柜领域，大陆的零售客户最为主流的选择是 100 多万元的产品。当然，这仅仅是橱柜的花费。因为你选择了 100 多万元的橱柜，不可能选择普通的厨电，如果想搭配德国米勒这种顶级厨电品牌，那么还要再花 50 万元左右。

不过，顶级橱柜在中国最主要的销售渠道还是与高端楼盘合作，零售占比很低，不超过 10%。比如博德宝在上海就与数个高端楼盘有过深入合作，在广州更曾有一套 218 万元的天际复式厨房成为话题。

有数据显示，目前中国奢侈品销售价格的构成中，品牌附加值高达55%，原材料和加工成本只占10%左右。橱柜领域也是一样，比如博德宝，这是典型的德国奢侈品牌，绝不盲目海外办厂，仅有一间德国本土工厂，产量仅仅能够应付全球高端客户的需求。至于设计师，顶级橱柜品牌选择的都是顶级设计师。而且，橱柜有特殊性，它的原材料需求较大，定制生产对手工要求更高，所以材料成本和加工成本比其他奢侈品更高。橱柜又是典型大件商品，原装进口的物流成本也更高。这都使得顶级橱柜在中国的价格居高不下。

橱柜的价值，还有五金的因素。顶级橱柜的五金合作商当然也是顶级的，如劳斯就和奥地利著名五金品牌GRASS合作，采用全新一体回吸阻尼铰链，有别于市场上常见的外挂回吸铰链，在开门时力道柔和、回弹力均匀，能够在门板负重十几公斤的情况下连续开合十几万次而保证门板不下沉。博德宝则采用德国著名五金品牌百隆的铰链与内置隐藏式静音滑轨，哪怕是1.8米长的抽屉装满物品也只需轻轻一推即可还原。

目前国产橱柜也喜欢标榜智能化，但所谓智能化，往往是视听或上网设备。其实这种设置相当无趣，一个煲着剧刷着朋友圈的人，能专心做菜吗？如果是一个专心于烹饪的人，又何需这些无用设备？

相比之下，国产橱柜厂家真的应该跟国外顶级橱柜制造商学习。后者也标榜智能化，但强调的是服务于厨房功能，比如碰触式自动抽屉门和灯光系统等。博德宝最顶级的保时捷设计厨房，就有独一无二的内嵌式门板，外观无把手，配以电力操控的开关装置，门板瞬间开合。劳斯的橱柜则配置各种电控系统，如触碰电控门、触碰电控抽屉和触碰电控上翻门。

厨电设计：简约重于华丽

橱柜只是厨房的第一步，下一步还得买厨电。那么，什么品牌、价位几何的厨电能配得上几百万的橱柜？答案是嘉格纳、美诺和斯麦格之类的品牌，花费大概是几十万到一百万元。其中，嘉格纳和美诺都是德国品牌。

什么是厨电？顾名思义，就是用于厨房的电器。人类进入电气化时代后，各种电器相继发明，其中相当大一部分用于厨房，比如电冰箱、抽油烟机、洗碗机、微波炉，乃至煮蛋器、酸奶机、面包机、咖啡机……

德国人的厨电分类十分细致，大大小小集齐全套，一般中国人的厨房还真放不下。曾经想买个煮蛋器带回国，结果一看价格，随便一个都要几百人民币，终于还是没下手。也曾经想弄个漂亮的咖啡机，后来一不小心去了嘉格纳的门店，标价都是四位数欧元起步。

嘉格纳有多厉害？它是德国唯一进入奢侈品序列的厨电品牌，也是公认的世界最顶级厨电品牌。

这个品牌创立于 1681 年，诞生在德国黑森林地区。最早的嘉格纳其实是一家铁制品工厂，创始人威廉·温·巴登总督的初衷是希望通过利用好当地矿藏资源，增加贫困农民的收入。

1758 年，安东·莫布纳家族入主嘉格纳，业务逐渐扩张。不过在此后的 100 多年间，它始终以一家铁制品工厂的面貌存于世间。

1873 年，嘉格纳再次易主。法兰克福商人米歇尔·福录尔西姆买下了它。1879 年，福录尔西姆在一次商品交易会上遇见了年轻炉灶专家泰多尔·贝尔格曼，嘉格纳的厨房事业就此开启。

贝尔格曼热衷机械，他加盟后最初负责自行车和炉具等领域的新产品研发。1888 年，在其掌控下，嘉格纳铁制品公司变成一家合资控股公司，主营自行车和烤箱。

有意思的是，将嘉格纳引入厨房领域的贝尔格曼几年后就功成身退，于 1893 年成立了自己的贝尔格曼工业工厂，1905 年该工厂被扩充为南德意志汽车工厂有限责任公司。1907 年，它被另一家工厂收购。收购方 Benz&Cie 后来和另一家名为 DMG 的公司合并，就成了我们熟知的戴姆勒·奔驰。

1931 年，封·布兰奎特家族开始经营嘉格纳，并将重心从炉灶过渡到厨电，使嘉格纳成为工业时代的佼佼者。1961 年，首批镶嵌着“嘉格纳”标志的产品行销欧洲市场，成为现代厨电工业的先行者之一。

如今，嘉格纳的产品涵盖了烤箱、蒸汽烤箱、蒸汽炉、微波炉、咖啡机、灶具、大型电磁灶、吸油烟机、冰箱、酒柜、洗碗机等各种领域。舒马赫、德国历任总统，乃至中国人熟悉的姚明、易建联和章子怡，都是嘉格纳的忠实用户。在全球众多顶级酒店中，嘉格纳也是档次的象征。

虽然是几十万乃至上百万一套的奢侈品牌，但嘉格纳的设计风格并不华丽，而是充满着德国式的简约。更重要的是，嘉格纳有着与智能时代的许多企业截然不同的理念。比如许多国内企业提及智能化，主打的都是“让做饭越来越简单”。但嘉格纳从不把“简单”当成方向，从未开发过自动烹饪程序与系统。它追求的是“配合”——配合那些花心思在厨房烹饪的人，让他们获得更好的烹饪体验，帮助他们做出更美味的食物。尤其是个性化选择，不管你是偏重何种风格、喜欢哪类尝试的烹饪者，都能在嘉格纳这里找到对应操作。至于简单，为什么要把烹饪这样有情趣的事情变得简单？当然，嘉格纳也会追求简单，但这种简单绝不是让烹饪变得简单，而是将一些枯燥工序变得简单，让人拥有更多时间去烹饪。

比如嘉格纳产品序列中资格最老的烤箱，其智能化的最直观体现就是烤箱控制屏并非独立区块，而是内嵌于烤箱门上。这种开创式设计的最大用途，就是增加了烤箱的内部空间。至于“简单”，最重要的设计就是自动清洁系统，用过烤箱的人都知道，清洁才是苦差事。

嘉格纳的冰箱很有意思，与一般家庭使用冰箱的简单分层不同，嘉格纳冰箱实现了“小气候”微控，可以针对不同的食物，提供不同的保鲜温度。而且，它采用完全嵌入式设计，与橱柜融为一体。

创建于 1899 年的德国美诺是全球顶级电器制造商。它在厨电领域的地位虽然比不上嘉格纳，但同样非常厉害，一台冰箱卖个二三十万也是常态。不过总体看来，在价格上，它还是比嘉格纳低了一截。

这是一个家族企业，产品涵盖洗衣机、吸尘器和厨电等。1901 年就造出了木桶洗衣机，1914 年生产出有电动马达的洗衣机，1929 年生产出电动洗碗机，1956 年生产出全自动化洗衣机，1966 年生产出电控滚筒式干衣机，1999 年生产出嵌入式胶囊咖啡机……

这是厨电行业内唯一以 20 年使用寿命为测试标准设计生产的制造商，也是返修率最低的品牌之一。从产品风格来看，美诺同样走德式工业的简约风，也更适合开放式厨房。

德国刀具工序有 40 多道

德国刀具出名，这事儿大家都知道，许多人去旅行，都会带一套回来。那么，去哪里买刀呢？专供游客的纪念品商店肯定有，如果你不想跟游客扎堆，可以选择百货公司。

德国与日本堪称全球最强调细分市场的国家。即使不起眼的刀具，也变成了一门产业。也正是因为市场的细分，使得市场上的刀具在品类上覆盖极广，在品质上精益求精。

一般来说，德国刀具的工序起码有 40 多道，保持刀刃持久锋利并与人体工程学的完美结合。如著名的双立人就一直在研究钢材材料加工的最佳方式，1992 年，双立人开发出一种改变刀具生产标准的工艺，即烧结金属合成工艺。该工艺能将 3 种不同功用的钢材料完美地结合在同一把刀上，使刀的质量有了决定性提高。双立人还开发出独一无二的涂层技术，开创切削技术的新纪元。该工艺在摄氏 2000 度高温下以超音速将硬金属粒喷涂在刀刃上，使刀刃锋利无比，且无须日后磨刃。

在科技发展迅猛的今天，如双立人等刀具大牌企业，刀具制作的很多步骤均由机器人精准智能控制，但最后一道工序——开刃，却始终由技师手工完成。

另一个总有人担纲的工序则是质检。质检员都是摸熟了刀的人，质检过程就像艺术，摸完刀柄摸刀背，摸完刀背摸刀刃，一把刀在质检员手中上下翻飞。即使闭着眼睛，他们也能找出特别小的瑕疵。

德国人对刀具的推销恰恰与《水浒传》中的杨志相反，除了强调品质，强调每个产品在该领域的实用性之外，也强调极致工艺带来的美感。德国刀具的颜值也是出了名的，随便一款拿出来都是工艺品的架势。而且，你购买漂亮的刀具，商家总会附送相应的专用皮套，皮套上往往有漂亮雕花，甚至具备收藏价值。

说起德国刀具，位于德国杜塞尔多夫以东的索林根不可不提。早在中世纪，它即以制作刀剑而闻名。当时，有位名叫格拉芬的军人，偶然发现索林根附近的山区有稀有金属矿藏，均为锻造不锈钢的主要成分（他发现的其实就是铬、锰、镍等物质）。有了制刀剑的技术和炼制不锈钢的技术后，索林根便成了著名的刀剑产地。如今，索林根更是世界闻名的“刀城”。

为何有此称号？因为你最熟悉的那些世界顶级刀具品牌，如双立人、博克、三叉牌、菲力克斯等，都诞生于德国索林根这座小城。到了近代，德国制造渐渐成为工业神话，索林根也从古老刀剑作坊之城，逐渐转变为名副其实的现代“刀城”。

德国刀具作为德国工业的象征之一，不但质量好，门店选址也极具匠心。除了我们熟知的百货公司和大型超市，还有各大品牌的专营店之外，你还可以在商业街上见到专门的德国刀具主题店——当游客们扎堆前往百货公司时，你可以寻找这样的主题店，跟当地人一样选购刀具。

这种主题店的设置与我们熟悉的模式完全不同，它并不按照刀的用途分类，而是强调“刀”这一商品本身。换言之，不管你想买什么品牌的刀、什么类型的刀，这里都可提供一站式服务。

这是一种颠覆式的理念，我们平时去买菜刀，会去超市的厨具专柜，想买指甲刀，会去日用品专柜。可在德国，你会在同一家店里见到各种用途的刀具。有野外用刀，如开山刀、瑞士军刀等，有烹饪类，还有居家类。每个门类又分许多小类，以前网上有个文章，专门介绍德国厨房用刀的细分程度，让人叹为观止，比如切青菜的、削土豆的、切芝士的、切肉的、劏鱼的、去鱼鳞的、剔骨的……各司其职。就连切个西红柿，德国家庭也会有一把专用刀，这种刀的刀刃呈波浪状，不但能切皮，还能流畅切割西红柿片，且不会挤压汁液，分叉的刀尖还能将切好的西红柿片挑起。

即使打理花园的园艺刀具，也有修剪细枝、切花、剪粗枝等几十种。至于品牌，从国际大品牌到本地小品牌，一一涵盖。

当地人如果想购买刀具，直接走入这样的刀具主题店，即可享受有求必应的购物体验。所以，这类刀具店一般都位于最畅旺的商业街上。

在这样的刀具主题店里，除少数特价商品外，大多数商品都价格不菲，一把刀价格上千欧元，也不在少数。即使是数百欧元一套的刀具，在大多数中国人看来都显得昂贵，毕竟许多中国家庭对刀具的概念还是两把菜刀一把水果刀和几把剪刀。

但懂行的人都知道，德国刀具物有所值。

不为浮躁所动，慢工出细活

小城格拉苏蒂就像其他德国小城那般，沉静雅致。如今，小城也仅有 2000 多名居民，但却是德国制表业的中心。

车子一进小城，就可见到别致的市徽——两个槌子加一个银质日晷。前者代表采矿业，后者意味着时间，当然代表钟表行业。

早年的格拉苏蒂因为拥有银矿，一度成为矿业重镇。但银矿枯竭后，格拉苏蒂渐渐没落，加上农作物歉收，更加凋敝。

1845 年 12 月 7 日，费尔迪南多·阿道夫·朗格在格拉苏蒂创立朗格钟表作坊，开启了格拉苏蒂的制表史。值得一提的是，此时的阿道夫·朗格已经拥有了制表大师的头衔，作为德累斯顿人，他在这个曾经的萨克森公国首府拥有足够的地位和资源，但他却将钟表作坊设在了相对穷困的厄尔士山区，多少有点“扶贫”的意思。

尽管在最初，由于当地人对制表缺乏兴趣，朗格的钟表作坊一度无法招揽足够的学徒，但朗格仍然坚持了下来。他还开创了制表业的流水线，细化制表过程，划定各环节工种，大大降低了人工误差。

1848 年，阿道夫·朗格还成了格拉苏蒂镇镇长，致力于小城的基础建设和民众权利。

说来也很有意思，萨克森公国当年可是绝对的异类。这一带原本矿藏丰富，极利于发展采矿业。可萨克森宫廷崇尚艺术的开明风气，却把德累斯顿变成了一座艺术之城。也正因为艺术的高度发达，德累斯顿聚集了大量手工艺人，不但制造艺术品，还将艺术细胞用于其他手工行业，比如制表。在朗格的时代，萨克森公国早已烟消云散，可艺术传统仍是匠人的坚持。

他对品质的孜孜以求，使自家的表很快在德国打出名堂。1875 年，阿道夫·朗格逝世，两个儿子承继父业。1898 年，凯撒·威廉二世专程在朗格订制了一只怀表，作为出访奥图曼帝国时赠送给阿卜杜勒·哈米德二世的礼物。

“一战”的炮火没有击垮朗格。但到了“二战”，朗格最终没有支撑下来。就在“二战”结束前一天，苏军的轰炸使得朗格表厂的主要车间变成一片废墟。

事情并未到此结束，苏联军人常常闯入朗格家中，持枪威胁阿道夫·朗格的曾孙瓦尔特·朗格，向其索要手表。瓦尔特·朗格忍辱负重，多次与苏军协商，最终重开朗格表厂。可好景不长，1948 年，东德政府要求朗格表厂加入所谓的东德自由贸易联合会，朗格拒绝加入，结果表厂被苏军没收，并禁止朗格家族的人再次踏入表厂，102 年的朗格历史宣告终结。

这一年，瓦尔特·朗格才 24 岁，他甚至一度被发配到山里采矿。于是他选择流亡西德，与故乡就此隔绝。3 年后，包括朗格表厂在内的格拉苏蒂镇 7 家制表企业被东德政权合并为格拉苏蒂人民表厂，百年老字号连商标都化为乌有。

1990 年，柏林墙倒塌，两德统一，瓦尔特·朗格回到格拉苏蒂镇。他重新注册登记了朗格表的传统商标，开始投入生产，阔别世界 40 多年的品牌宣告回归。1994 年 10 月 25 日，重生的第一批朗格表在德累斯顿展出，再次震撼国际制表业。也正是这四款腕表，奠定了朗格品牌五大系列、70 余款腕表的格局。此后，所有的朗格官方产品宣传图片上，双字大日历窗永远都定格为“25”。这一年，瓦尔特·朗格已经 66 岁，但属于他的重生才刚刚开始。

2018 年富艺斯钟表拍卖会上，一枚精钢表壳的朗格腕表以 540 万美元的价格成交，创下朗格腕表拍卖历史上的最高纪录。这款手表是为了纪念瓦尔特·朗格而设计，后者于 2017 年去世。

朗格创造了德国制表业的几大传统特色，如 3/4 夹板、黄金套筒、鹅颈微调等。3/4 夹板是创始人费尔迪南多·阿道夫·朗格的标志性设计，体积增大的 3/4 夹板可容纳轮系的各个心轴，从而使所有齿轮稳定连接。比起以数个桥板构成的传统结构，3/4 夹板大大改善了机芯的稳定性。此外，3/4 夹板降低了齿轮的轴距公差，也让机芯更抗污。时至今日，这依然是朗格最重要的传统元素之一，而且也成了德系表的标志性元素。

黄金套筒是朗格机芯的另一个传统元素之一，起初使用黄金套筒是为了方便更换损坏的宝石轴承，而不必改变机芯夹板的孔径。此后，宝石轴承已标准化，黄金套筒的关键功能不复存在，但作为显示工艺水平和尊贵血统的象征得以沿用。

手工雕花摆轮夹板也是朗格绝不会放弃的工艺，其刻画深浅与线条曲度的变化不一而足，令每个摆轮夹板都自成一格。因此，即使经过一段时日之后，朗格雕刻大师仍能根据摆轮夹板的装饰轻易认出作品是出自哪位同事之手。

2000 年，朗格被历峰集团收购，此后不断推出高端复杂功能机芯，如超长 31 天动力、猫头鹰式跳字、芝麻链等都是业内创举。

朗格多年来坚持只做贵金属机械腕表，品质无可挑剔，但价格也居高不下。十几万元是入门，几十万和过百万才值得一提，几百万的表也不罕见。

那么，朗格为什么贵？

是设计溢价？并非如此。相比百达翡丽和江诗丹顿等瑞士高端手表的华丽风格，朗格是典型的德系审美，风格简约洗练。

是宣传溢价？也不是。朗格曾公开宣称不会找任何明星代言，因为压根不需要。这一方面体现了朗格的品牌自信，另一方面也意味着朗格相比其他大品牌，少了一笔很重要的支出。

朗格的贵首先体现在技术专利上，大量业内创举自然会抬高价格。另外，它也有自己的严苛标准，比如只做顶级品质机械表，只采用贵金属制表，旗下每个家族表款均采用独立自产机芯。另外，朗格严格要求每枚机芯都要拆装两次才能出厂，第一次要完成各种测试，保证手表质量，合格后拆开，再用蓝钢螺丝重新组装出厂。蓝钢螺丝也很值得一提，即将螺丝用 300 摄氏度高温处理后，使得精钢表面有一层超薄的蓝色亮层，可高度防蚀，这也是传承了150年的工艺。

人力成本和稀缺性也很关键。朗格的每个钟表师都至少需要学习3到7年后方可参与钟表制作，通常每块表的制作时间最少要6个月。

所以，朗格名气虽大，产量却极低，几乎是所有腕表大牌里最低的，每年只生产5000枚。如果你对这个数字没有概念，那看看其他品牌就明白了：百达翡丽的年产量是5万枚，劳力士则是100万枚。

这是一种德国人特有的坚持，不为时代所动摇。

1795年，瑞士钟表大师路易·宝玑发明了一种钟表调速装置。以校正地心引力对钟表机件造成的误差，这就是我们熟知的陀飞轮。

陀飞轮几乎代表着机械领域的最高水准，方寸之间的组合极其复杂，而且始终处于运动状态，体现着工业之美。自诞生后，这一装置经历了无数匠人的完善和改进，衍生出了无数产品。

到了今天，陀飞轮已经不是顶级机械腕表唯一减少误差的工具，但仍是炫技的最佳舞台。尤其是朗格，始终坚持这一传统功能的打磨，绝不使之可有可无。

这也体现了德国人的一种脾性，朗格的崛起和重生，都与这执着脾性有关。钟表这个强调机械工艺的行业，与德国人的严谨、坚持和传统，简直是天作之合。

从品牌力来说，朗格并不占优势，40多年的空白期是绝对硬伤。能够重新崛起，朗格依靠的就是坚持。

一只旅行箱却有 200 个零件

在德国，我曾两次遇见日默瓦专营店。一家在慕尼黑，一家在其大本营科隆，还是旗舰店。

在慕尼黑见到日默瓦专营店时，正值国内某明星八卦事件，“吃瓜群众”都认识了日默瓦这个牌子。日默瓦就是 RIMOWA，上娱乐新闻和时尚杂志的机会比很多明星还多。你在机场遇见明星，七八成机会还能一起见到日默瓦的行李箱。

日默瓦的最大卖点就是材质，旗下行李箱均使用铝镁合金和高科技聚碳酸酯材料打造，并且是少数仍然在德国进行制作工序的行李箱企业之一。每个日默瓦箱包由 200 多个零部件经过 90 道工序组装而成，大多数采用手工完成。原材料方面，除了 YKK 拉链来自日本，其他零件都来自德国和意大利的高品质供应商。

1898 年，日默瓦工厂在科隆诞生，同年生产出第一个行李箱。直到 1900 年，日默瓦的行李箱还是木制，但已十分注重轻量化设计。没过几年，日默瓦的大型衣柜和行李箱就已打入德国上流社会。到了 20 世纪 20 年代，它已成为世界级品牌。

“二战”期间，科隆在盟军空袭下被夷平，唯一幸免的是建筑瑰宝科隆大教堂。日默瓦的工厂也毁于一旦，各种生产原料，如皮革、木头和布料都被烧得一干二净。但公司掌舵者却意外发现，所有原料中唯一幸存的是铝片，因此萌发了制作铝制行李箱的念头。为了让行李箱更坚韧，他还创造性地添加了镁，于是便有了铝镁合金材料。此外，他在德国一款运输机上找到灵感，将飞机表面的沟槽设计应用于行李箱，使得行李箱可以在轻量化的同时保持稳定。1950 年，日默瓦生产了第一个箱面设有凹凸纹路的铝镁材质行李箱，日默瓦行李箱就此脱胎换骨，成为旅行家们的最爱。

1976 年，日默瓦推出首个防水行李箱，可以有效保护各种专业器材，成为影视工作者、专业摄影师和新闻记者几大群体的最爱。也正因为防水功能，它也成为影视剧宠儿，频频成为道具。

日默瓦也是全球首个采用 PC 材料制作行李箱的品牌，即使全球品牌此后一窝蜂使用 PC 材料，但品质仍无法与日默瓦竞争。

进入 21 世纪，日默瓦从办公室座椅轮子处得到灵感，设计了更为灵活和精巧的滚珠轴承，也设计了第一个四轮行李箱。此外，旗下 TANGO 系列更因出色的内袋设计、挂衣箱设计等，被誉为“行李箱里的衣柜”。

2011 年的 SALSA AIR 系列成为日默瓦史上最轻巧的系列。2014 年，日默瓦推出全新聚碳酸酯材质 BOSSA NOVA 系列。

日默瓦最出名的是三大系列。Classic Flight 是最轻便的铝镁合金箱。皮质手柄和复古设计都是卖点，不过只有两轮版，内饰也很简单。Topas 系列最为经典，四轮设计，内有两个可调节隔层，保证东西整整齐齐。还有 Topas Titanium 系列，全系钛色，定价昂贵。

日默瓦能成为行李箱界的劳斯莱斯，质量只是一方面，跨界营销和无孔不入的植入，也是其一大法宝。

在《黑客帝国》《蜘蛛侠》《史密斯夫妇》“007 系列”等经典大片中，人们都能看到日默瓦的存在，每年超过 10 部好莱坞电影中会出现日默瓦的镜头。在《碟中谍 4》中，汤姆 · 克鲁斯要夺取一只装有引爆核弹装置的银色日默瓦手提箱。这只箱子经过多次摔打、高空坠落和激烈枪战后仍完好无损。国产片也少不了日默瓦的存在，比如《等风来》和《非诚勿扰》。《泰囧》当中，徐峥抱着的那个行李箱，也正是日默瓦。这几年明星参加综艺节目盛行，日默瓦也随之出镜，在《爸爸去哪儿》里几乎是标配，《花儿与少年》里，明星们也齐刷刷拉着日默瓦亮相。不过最夸张的还是滨崎步，据说她在台湾开演唱会时，团队带了130多个行李箱和化妆箱，全部都是日默瓦。

还有德国国家足球队，日默瓦曾5次赞助德国国家队踏上世界杯征程，箱身上会有球员的专属球衣号码。

2016年，日默瓦被LVMH集团以8亿欧元收购，开启潮流化策略，与芬迪、Supreme和Off–White等品牌联名跨界合作，掀起热潮。

日默瓦的植入虽然频繁，但据说从未投入什么费用，只是每次提供几只行李箱供剧组免费使用，用完还得归还，因为要放在日默瓦的科隆旗舰店二楼的博物馆里收藏。我在科隆时就有幸在博物馆里转了一圈，遇见了不少电影里的"旧相识"。

不过最让我有所触动的，还是日默瓦在智能化时代的探索与务实。

随着智能化时代的到来，行李箱也不能免俗。但从目前来看，迈出最坚实一步的只有日默瓦。

2016年，日默瓦率先与汉莎航空合作，推出电子标签，启动智能化行李箱方案，再次开创先河。基于这一系统，即使旅行者在家里或路上，也可使用航空公司App，轻松完成托运程序。电子数据模块所显示的行李箱资料，无论大小和外观均与目前使用的纸制行李牌完全一样，当中包括欧盟海关要求的绿色条纹，而且，这些资料不会因为受潮、高温、严寒、撞击和震荡而受损，也不会意外撕裂脱落，更能保障行李安全。

相比日默瓦，其他的智能化操作基本只算噱头。2016年后，陆续有行李箱置入了USB对外充电和骑行功能。但说实话，在行李箱里置入一个充电宝，效果未必比我们自己随身带个充电宝更好。还有所谓的“无人驾驶时代的自己会走的行李箱”，能以11公里的时速在人流密集处紧跟主人，万向轮可以让它正常走、原地转，甚至趴着走。

但对使用者来说，他们可能更在意的是箱体是否牢固，箱身是否耐磨。过多的电子设备置入，其实反而增加了损坏风险。

行李箱未来会变成什么样子，我们很难想象，它也许真的会变成一个移动的机器人。但在当下，我们关注的依然不是那些噱头，而是智能化能否服务于我们的旅程，日默瓦的探索显然带有德国式的务实态度。

质检的精致主义：对泰迪熊“施酷刑”

如今前往德国乌尔姆，多半是为了那座世界第二高的哥特式教堂，或者去感受一下爱因斯坦的诞生之地。很多人并不知道，这一带原来是德国泰迪熊大本营。就在距离乌尔姆不远的小镇基根，有一座2005年落成的泰迪熊博物馆。

在基根寻找泰迪熊博物馆十分容易，只需要跟着马路上的熊脚印走，就可以找到位于史泰福厂区内的博物馆。

博物馆的设计很有意思，先是讲述史泰福公司创办者玛格丽特的故事，你还可以见到玛格丽特当年做的第一个毛绒公仔——毛绒大象。然后大家就要随着一个小女孩和一头小熊周游世界，寻找3000只失踪的泰迪熊。最后你会发现，原来这 3000 只泰迪熊已经散落在世界各地，陪伴着孩子成长。

100 多年来，史泰福就是这样，靠着毛绒公仔成为世界顶级品牌。

十几年前，英国佳士得拍卖行曾以 193477 美元（按当时汇率约 160 万元人民币）拍出一样东西，竞价成功者是一位韩国商人。

这个拍卖价在佳士得拍卖行可算不上什么，但这样东西足以让我们惊诧。它是一个由德国史泰福公司于 1908 年生产、身穿路易威登牌短大衣的泰迪熊公仔。

一个 90 多岁的毛绒公仔，居然能卖 160 万元？你没看错。生产历史已有 100 多年的泰迪熊，是收藏界的宠儿。这个 160 万元的 1908 版泰迪熊创下了毛绒公仔拍卖价世界纪录，但这个纪录绝不会是顶峰。

伦敦佳士得拍卖行每两年都会举办一次泰迪熊拍卖活动，各种古董泰迪熊总能引发争抢。比如 2000 年，一只为纪念泰坦尼克号沉没而制作的“哀悼小熊”，当年限量生产 600 只，最终拍卖价是 91750 英镑，按当时汇率也达到了 100 万元人民币。

别以为只有古董熊才值钱，泰迪熊堪称毛绒公仔界的劳斯莱斯，精品售价可达数十万元一个,比如德国史泰福公司推出的 125 周年限量版黄金泰迪熊，全球限量 125 只，嘴巴由纯金打造，毛皮用金线缝制，眼睛以蓝宝石镶嵌而成，虹膜则由 20 颗细小钻石精心编织。售价达到了 8.5 万美元，按当时汇率超过 50 万元人民币。

世界上生产泰迪熊的品牌很多，其中不乏高大上的顶级品牌，比如德国史泰福公司。世界上还有不少泰迪熊博物馆，英国彼得斯菲尔德早在 1984 年就建立了世界上第一座泰迪熊博物馆，向我们诉说着它的魔力。在欧美，无数孩子从一出生就有泰迪熊的陪伴，它会成为家庭的一员，有些“老熊”甚至陪伴、抚慰过几代人的童年。当然，因为价格高昂，市场需求大，衍生商品又多，它还是世界上创造利润最多的卡通形象。

泰迪熊的英文是 Teddy Bear，不过按照美国说法，它应该叫罗斯福熊。至于泰迪，它正是罗斯福总统的小名。

这位罗斯福总统不是人们熟知的“二战”期间那位富兰克林·罗斯福，而是其远房堂哥西奥多·罗斯福，美国第 26 任总统。相比自己的远房堂弟，西奥多·罗斯福似乎不为大多数中国人所熟知，但 42 岁成为美国总统的他，是美国历史上最年轻的在任总统，也被视为美国历史上最伟大的总统之一。1900 年，他当选副总统，1901 年，时任美国总统麦金莱被无政府主义者刺杀身亡，他继任为总统。

1906 年，他因调停日俄战争而获得诺贝尔和平奖，成为第一个获此奖项的美国人。在任期内，他还建立公平交易法案，推动劳工与资本家和解。对外奉行门罗主义，实行扩张政策。

1902 年，喜欢打猎的西奥多·罗斯福在密西西比一带狩猎，却一直未有斩获。于是，助手捉住了一只路易斯安那小黑熊，将之打伤敲晕，让罗斯福射杀，但罗斯福拒绝了。

《华盛顿邮报》漫画编辑贝里曼迅速以头版漫画形式记录此事。在漫画里，小熊坐在地上，罗斯福拿着枪，背对着小熊，做着拒绝杀死猎物的手势。

纽约杂货铺商人米德姆老夫妇有感于此，缝制了一只小熊公仔，并征得罗斯福总统的同意，起名为泰迪。这只小熊从此一炮而红，甚至还成了罗斯福竞选和连任的吉祥物。米德姆老夫妇也因此创办了创意玩具公司。

不过也有人声称，这个温情故事只说了一半。据说西奥多·罗斯福在拒绝射杀小熊后，转头跟助手说了句“解决它的痛苦”，于是助手立刻一刀切开了受伤小熊的喉管。之后，西奥多·罗斯福还在营地里吃了几天熊肉。

但不管传说真假，泰迪熊都登上了历史舞台，成为一代代人的宠儿。

跟芭比娃娃、乐高这些品牌不同，泰迪熊一直都不是独立品牌，它属于全世界。在美国“出生”的泰迪熊，此后衍生出了大量品牌，不过全球公认的最佳泰迪熊属于德国，尤其是史泰福公司。

史泰福公司生产的“金耳扣泰迪熊”被视作德国工艺的代表，也是德国最著名的品牌之一，目前已经行销了113年之久。大概在1930年，史泰福在原有基础上改变了泰迪熊的外形，让小熊的脸变得更圆，胖胖的手脚和身体更像人类婴儿。

史泰福公司的另一个创举是将泰迪熊从单纯的男孩世界里带出来，进行了针对女孩的设计，最早的粉红色“泰迪·玫瑰”改写了泰迪熊的历史。

其实史泰福公司最早做的可不是泰迪熊。史泰福的品牌故事十分励志，它的创始人玛格丽特·史泰福是小儿麻痹症患者，只能长期使用轮椅，仅有右手臂可以活动。她依靠恒心和毅力，居然成了远近闻名的裁缝。1879年，她缝制的小象毛公仔大受朋友欢迎，于是开始尝试系列公仔的制作。不过此时她设计的熊公仔形象并不是太讨好，更像狗和熊的合体。

1902年，也就是罗斯福熊诞生的那年，史泰福手工作坊也造出了第一只手脚关节可以活动的毛绒熊公仔，并且在1903年的莱比锡玩具博览会上获得了来自美国的订单，订量为3000只。史泰福公司为了能在美国顺利注册专利，还研发了一种会使小熊发声的倾斜式发声器，顺利申请到了专利。

1905年，玛格丽特·史泰福的侄子理查德·史泰福作为设计师，设计了有可爱表情、圆脸、尖吻、绣线鼻、身材圆润的小熊形象，并顺利投入量产。美国人很快接纳了它，并将之归入泰迪熊序列，理查德·史泰福也因此成为史上最著名的泰迪熊设计师。到了 1907 年，史泰福早已从小作坊变成大公司，拥有员工 2000 多人，生产的泰迪熊行销世界。

此后，又陆续有不同的工厂加入泰迪熊的制造行列中，泰迪熊并未成为一个专属商标，而是一个普通的玩具形象，并由此衍生出故事书、儿歌和卡通片等。

当然，也曾有人试图定义泰迪熊，认为只有 1903 年到 1912 年间制造出来的才是真正的泰迪熊。但这种定义显然是无力的，“泰迪熊”在很多地方几乎已经成为所有毛绒熊公仔的统称。

德国可不仅仅有史泰福，还有百年历史的赫曼（Hermann）。1910 年，赫曼的创始人约翰・赫曼开始制作玩具熊。这个品牌的最大特点是在泰迪熊体内放置了多个连接的塑胶体，就如人的骨骼一般，可以让泰迪熊的四肢活动更自如。它坚持以传统手工和旧式材质造熊，热衷用卷曲的安哥拉羊毛，填充物采用木刨花，外形复古简单。只做高价泰迪熊，没有中低端产品，但价钱却比史泰福划算得多，是收藏界的重要选择。赫曼最著名的产品当属头戴猎鹿帽、身穿花呢外套的夏洛克・福尔摩斯泰迪熊。

与史泰福和赫曼并称为“泰迪熊三巨头”的凯梦丝（Clemens）同样来自德国。高档泰迪熊的材料选用高级安哥拉羊毛，低端产品选用高档长毛绒。凯梦丝最看重个性化设计，喜爱迎合潮流。

从目前国际市场的状况来看，无论是新品市场还是收藏界，德国三巨头的泰迪熊都比其他国家的贵上一截，是当之无愧的泰迪熊界翘楚。

中国作为世界工厂，当然和泰迪熊有关系，而且关系非常大——世界上有一半的泰迪熊产于中国，然后出口。一般来说，出口欧洲的产品要比出口美国的质量更佳，这是因为欧洲的安全环境质量标准比美国高。

早在2004年，史泰福就在中国开设了工厂。要知道，德国品牌一向崇尚工艺，并不轻易在海外设厂，许多百年品牌甚至时至今日仍只在德国本土生产。史泰福这样做，一是因为在德国本土要实现庞大产量，确实力不从心，另外，德国的高工资也是一大障碍。所以，为降低成本，史泰福将部分低价产品的生产线迁至中国。借助中国的低廉成本，史泰福可以将低端泰迪熊的价格下探到14.95欧元，如果在欧洲生产，这个数字将是50欧元起。

但仅仅数年，史泰福就宣告离开中国。当时，“美泰玩具召回事件”爆发，全球最大的玩具制造商美泰公司三次召回在中国生产的部分产品，损失1.1亿美元。史泰福对中国制造的安全性产生了顾虑，因为这事关百年品牌的美誉度。

史泰福更看重的是产品质量。每只史泰福的泰迪熊都会分为35个部分生产，80%的工作由手工完成。当时，史泰福公司派出300名培训人员来中国，手把手教中国工人如何进行生产。但这个高成本动作没有收到效果，相比德国工厂的工人往往干上一辈子的习惯，中国员工在培训完成后常常选择回老家开山寨作坊，或者跳槽到其他工厂。工人的流失也使得产品质量不佳，常常无法通过质检。

史泰福的质检在行业内是出了名的，质检人员会对小熊“施以酷刑”，包括用火燎、用水泡、扭脖子、用牙咬、揪毛、洒腐蚀性液体等。只有通过这些检验，才能戴上史泰福特有的金耳扣。但中国工厂出产的泰迪熊，出现了五官不正、关节不畅或者开线等状况，一下线就被淘汰。而且因为淘汰数量多，不但不能降低成本，还让史泰福焦头烂额。

换成十几年前，如果你身边有人说要收藏泰迪熊，你多半只能表示尊重其选择，因为大多数人都无法理解这玩意儿有什么好收藏的。

但现在情况就不同了，在网络和信息开放的影响下，加上日本和韩国收藏者的示范作用，中国也有不少人开始收藏泰迪熊。

在全世界范围内，泰迪熊收藏者数不胜数。这门因热爱而产生的生意有多好做？

泰迪熊的收藏价值，与情怀有关，与商品质量有关，更与厂商的营销模式有关。

新货最贵、也最有收藏价值的史泰福，一直以三种标签著称。正版的史泰福泰迪熊，左耳上都会有一个标签。标签分为三种，黄底红字为非限量版，白底黑字为复刻版，白底红字为限量版。

史泰福的限量版品类极多，各有名头。最值得一提的是，它的跨界营销之广，在全球顶级品牌中都数得着。与它合作过的品牌数不胜数，从顶级钟表、珠宝首饰、汽车，到知名餐饮集团都有。甚至有人说，只要你在搜索引擎里输入一个大品牌再加上史泰福，肯定会有联名限量版。比如 1999 年，它和瑞士三角巧克力合作设计了拿着巧克力的泰迪熊，2000 年与奔驰携手推出泰迪熊赛车组。

与其他品牌合作是商业行为，更让泰迪熊变得“高大上”的是文化上的限量版。史泰福各地的代理商都可以根据当地情况申请制作特殊的限量版。比如 1997 年香港回归版，1999 年维也纳儿童合唱团 500 周年纪念版，还有各个国家的周年纪念版等。包括两德统一、欧盟成立等历史性事件，泰迪熊都有相应的纪念限量版。

影视剧也是泰迪熊“出没”之地。在电影《星际旅行》中，小女孩带着泰迪熊登上联邦星舰进取号，之后的故事告诉我们，即使人类进入太空时代，得以面对浩瀚宇宙，仍需要小熊的抚慰。在韩剧《宫》里，泰迪熊是重要背景道具之一，不少韩剧迷正是因此爱上泰迪熊。最值得一提的当然是《泰迪熊》

电影，那只又贱又色的泰迪熊足够颠覆也足够爆笑。

这些带着白底红字标签的限量版，红字上会标明这款熊的名称、年份和发行数量。当然，限量版的种类太多，对收藏者来说也是个麻烦。因为虽然史泰福限量版泰迪熊的拍卖价格平均达到数千英镑，但有些限量版的升值前景并不会太好，如果是以升值为收藏目的，就得三思而后行。当然，如果纯粹是因为喜欢而收藏，那就可以无视。

史泰福还有许多名头，比如每年都会针对会员设计一两款限年不限量的产品，在不同地区有不同款式，只有会员才能购买，大大提高了品牌忠诚度。此外，还有所谓的“地区发行熊”，即针对不同地区的文化、风情设计的熊款，也只在当地销售。

时至今日，泰迪熊早已不是简单的玩具，而是一种文化。当一种文化达到极致时，带来的经济效益也会无限大。

在欧美，婴儿出生后的第一份礼物往往是泰迪熊，人们坚信孩子有了泰迪熊的陪伴就不会孤单。所以，泰迪熊是许多人的第一个朋友，甚至是童年最深刻的记忆。

2013 年，在一次英国老人的聚会中，一位老人拿出了一只泰迪熊，告诉大家这只泰迪熊已经陪伴了她整整 80 年。

据说，在德国的救护车里，永远会放一只泰迪熊，送给那些发生意外需要被救护的孩子，这些熊由一个民间组织提供。美国也曾有团体发起“泰迪熊警察”活动，号召捐赠各种泰迪熊玩具，用于安慰灾难、事故和案件现场的孩子。实例显示，对那些在严重案件和事故中失去亲人的孩子来说，让他抱着一只泰迪熊，比安慰话语更有用。

手工精制：德国制造的灵魂

欧洲许多城市都有玩具博物馆，比如慕尼黑和布拉格，而且地段极佳，慕尼黑的在玛利亚广场旁，布拉格的则在城堡山上，都是必经之地。

不过这些玩具博物馆似乎是连锁，每间都差不多，只选一家看看即可。倒是纽伦堡的玩具博物馆货真价实，因为纽伦堡曾是世界知名的“玩具之都”。

在手工业时代和早期工业化时代，纽伦堡的玩具产业相当惊人，也催生了纽伦堡国际玩具交易会的诞生。尽管如今纽伦堡的玩具业已经不复当年之勇，但这个一年一度的展会，时至今日仍是世界上最大的玩具展。另外，德国玩具检测中心也在纽伦堡，这个机构负责测试各种玩具的安全性。

值得一提的是，玩具并不是当年纽伦堡唯一的工业强点。从菲尔特到纽伦堡的铁路，正是德国史上第一条铁路，从此开启了德国的工业化进程。纽伦堡也因此成为德国工业的起点，西门子就是在纽伦堡诞生的。

早年的纽伦堡人率先用锡和铁制造玩具，创造了一个个微缩世界。1971年，纽伦堡玩具博物馆在老城中心落成，最重要的历史收藏品就是铁皮玩具，最早的可以追溯到中世纪。最经典的藏品当属制造于1910年的双层旋转木马，里面还有八音盒。据说，这款玩具的拍卖价早已是天文数字。

20世纪30年代前后，纽伦堡玩具产业达到巅峰状态，代表着世界铁皮玩具的最高水准。以德国人精益求精的态度，达到这一境界确实不难想象。但在“二战”后，美国和日本的玩具工业迅速崛起，更重要的是材料的变化，各种新型塑料取代铁皮，成为玩具的通用材料。纽伦堡玩具业的荣光，就这样慢慢褪去。

手工制作的精美与诚意，使得纽伦堡的玩具成了铁皮玩具最高水准的代表。

但在纽伦堡，许多人仍然固守着昔日的手工作坊精神，制造着一个又一个精致的铁皮玩具。在老城的工匠广场上，就有不少玩具小店和摊档，售卖着各种小玩具，呼唤着你的回忆。

如今，铁皮玩具在网上可是许多人的专宠，价格高昂。纽伦堡的玩具代表着铁皮玩具的最高水准，在价格上当然也不例外。相比工业化时代的流水线产品，这些铁皮玩具代表着另一种理念。其实，德国的 2000 多个世界级品牌中，不少仍然固守传统精细手工制作的路子，体现着德国制造的灵魂，也是产量少、质量好、利润高的最佳范例。

痴迷才有精制和美感

如果想以一个游客的身份近距离感受德国工业文明，最好的选择应该是位于慕尼黑的德意志博物馆，逛这所博物馆简直是一站式的超级体验。

在这里，你可以感受到德国工业文明，也能体会到德国精神。要走马观花看一圈，其实非常不容易，令人感到震撼的交通设备馆和飞行器馆都在市郊，前者在巴伐利亚公园旁，后者更远，距离市区有十几公里。这座世界上规模最大的自然科学和工业技术博物馆，仅主馆就拥有超过 50000 平方米的 50 个展区，被视为工科生的天堂，也是孩子们的科普乐园。

旅行攻略里介绍的岛上博物馆，其实是主馆区，主馆坐落在慕尼黑市伊撒尔河中一个小岛上，是一栋古典主义建筑。展馆为四层口字形，内院还有藏书 60 余万册的图书馆和科技史研究所。

德意志博物馆：德国工业的一站式超级体验。

如果展馆的面积与数量、图书馆的藏书量还不能让你感觉震撼，那么，另一个数字也许很重要：德意志博物馆是世界上最早的科技博物馆之一，创办于 1903 年 6 月 28 日。德国作为工业革命的后起之秀，此时已经有了以博物馆记录科学、普及科学的意识，而且一上来便是大手笔。当然，博物馆的筹建工作因为“一战”的缘故推迟，实际建成开放的时间是 1925 年。“二战”期间，博物馆又遭遇严重破坏，藏品仅余 1/5，直到 1948 年才重新开放。

博物馆所在的小岛，在中世纪曾是伐运木材之地，但因为每逢洪水，小岛都会被淹没，岛上便一直没有建筑物。直到 1772 年，岛上修建了伊撒尔兵营。1889 年洪水后又重建建筑，并增建防洪设施。博物馆开设后，该岛的名字也由煤炭岛更名为博物馆岛。

仅仅是主馆，已可让人消磨大半日时间，涵盖了物理、化学、农业、资源、矿业、冶金、金属加工、动力机械、汽车、铁道、隧道工程、公路与桥梁、水利、电力、通信、船舶、航空和宇宙飞行、化工、玻璃工艺、纺织、计量、乐器、摄影和印刷等众多领域。即使您只挑自己感兴趣的看，也得走断腿。

如果按照馆方推荐，复原的伽利略实验室、第一和第二次世界大战时德国发明的潜水艇和火箭、仿真地下矿井，以及乐器等都是推荐项目。另外，相比各种工科生都未必能看明白的精密机械，汽车、铁路、船舶和飞机展厅则是人最多的地方。

德国人的严谨态度，决定了这个博物馆绝不可能是“闹着玩”或是小打小闹的状态。这一点在飞机和船舶这样的展馆里体现最为明显，德国人甚至直接把船和飞机搬进了展馆。一进展馆，便可见到一艘巨大的木质帆船，船舱有剖面，可以展示大航海时代的水手生活。其他十余条船舰中，一条拖轮也相当瞩目，同样以剖面呈现。而在航空馆里，各种各样的飞机林立于展厅。三层的展厅里，一层是民用航空飞机、直升机和飞机发动机等，二层有各种原始飞行器、早期的飞机、军用飞机和导弹等。

但更能体现德国精致工艺的是我压根看不懂的机械仪器。德国人对机械和仪器可算是精益求精、极度痴迷，那些由众多零件组成的复杂机械，散发着金属质感和别致美感，德国大众公司的一个机械臂，便宛若变形金刚。引擎更是重中之重，从人力到水力，从蒸汽到油电，一代代不同设备和交通工具的引擎蔚然大观，其中甚至还有火箭引擎。当然少不了的是德国最引以为傲的汽车引擎，比如宝马的六缸引擎。

作为两次世界大战的参战国，德国制造了无尽灾难，好在“二战”后已

德国人真的把飞机都搬进了博物馆。

然深刻反思。不过德国的军事实力，确实在两次世界大战中得到了极大体现，甚至出现了许多超前的航空科技，德意志博物馆里也有不少相关展示，颇得军迷青睐。

如德国海军第一艘潜艇 U1 的实物，便以剖面呈现。U1 于 1906 年服役，长 42.39 米，宽 3.8 米，水上排水量 238 吨，水下排水量 283 吨，最大下潜深度 30 米，装配两台煤油发动机，两台电动机，双桨推进，船员 12 名，武器为 3 具 450 毫米鱼雷发射管。

在“二战”后期，德国出于战争需要，创造的超前航空科技更多，如世界上第一种实用喷气式战斗机 Me262，第一种实用火箭战斗机 Me163“彗星”，还有世界上第一种地对地巡航导弹 V1、世界上第一种地对地弹道导弹 V2、世界上最早的地对空导弹之一“莱茵女儿”、世界上第一种空对空导弹 X4、世界上第一种空对地导弹 Hs293……

它们在战场上并未得到什么使用机会，如今在博物馆里静静摆放，见证历史。

值得一提的还有 VJ101 战斗机，它与“二战”无关，而是 20 世纪 60 年代的产物。这款垂直起降战斗机，其设计指标到今天也无人企及。但它只能停留在实验室和博物馆里，也是必然，因为当它满载状态垂直起飞时，翼尖的主发动机需要打开加力燃烧室向下喷气。近 2000 摄氏度的超音速射流极其严酷，能瞬间灼穿任何常见铺层。场面虽然壮观，但除了特制的高温合金能够在短时间内承受这种喷流以外，其他所有地表都会被瞬间凿出两个大坑，飞沙走石就更是不在话下。因而这也极大限制了该机的场地适应性。加之该机位于翼尖的 4 台主发动机必须随时协调工作，否则一旦有一台出问题，飞机会瞬间快速滚转倾覆，飞行员根本来不及跳伞逃生。另外，该机在悬停状态的升力喷流柱设计对侧风很敏感，犹如踩在马戏团的大球上跳舞。因为这种种隐患，这架有史以来第一架能飞 2 倍音速的垂直起降战斗机就只能永远地沉睡在博物馆里。

相比实物，也有人更喜欢模型。德国人对模型有着偏执狂一般的追求，有人甚至说德国人会将世间一切都做成精致模型。汉堡的微缩景观世界堪称极致，德意志博物馆也不例外。这里的船舶、飞机等模型十分之多，而且极度精致。

除了实物与模型外，馆内对科技的诠释也是亮点。从水车到风车，从蒸汽机到电动机，从涡轮增压到齿轮传动，从飞机到汽车，你可以见到众多科技的运行原理演示。比如石油和天然气展馆，就详细展示了石油开采、提炼和运输的过程。在电力设备馆里，有电厂的微观模型、发电设备、电力传输设备以及电力元件等。还有一些互动的实验设备，比如绝缘实验。

在机械工具展馆里，你可以看到最早的车床，也可以看到现代的数控机床。德国人连灯光问题都细致地想到了，锈迹斑斑的老机床配合昏暗灯光，仿佛工业化初期的作坊，现代机械设备则配合明亮灯光，象征着科技的进步和生活的改变。而在数码科技方面，世界上最早的 MP3、1955 年的 CPU，都让人感慨时光的变迁与科技的进步。

还有一些很有趣的展品，在别处很难见到，比如农业技术展馆里，便有古今面包展。德国人甚至还做了一个仿真矿井。

在这里，学生比游客还要多。其实这也是欧洲博物馆的常态，它们总是中小学生们的课堂延伸，大学生们进行调研的场所。德国强大的科技能力，普通民众的出色动手能力和创造力，或许其实都与此有关。慕尼黑的孩子们当然是幸福的，他们从小便可以拥有这样一个浩瀚的课堂，可以感受辉煌的人类科技文明成果，这对他们的发展会起到潜移默化的作用，将好奇心转化为坚定的信念与梦想。这样的博物馆，当然堪称一个国家产生梦想的摇篮。

工匠精神的核心是精益求精

说到工匠精神，德国堪称“正面典型”。在我们的生活中，以精细著称的德国制造几乎是无法避开的选择。

如今的德国工业，世界顶级品牌甚多。但在历史上，它也曾走过弯路。

相比英国和法国，德国工业化进程显然要晚得多，前二者完成工业革命时，后者还是一个农业国。进入工业化后，德国人开始步入我们十分熟悉的阶段：山寨阶段。尽管当时德国已是世界科学中心，却不懂得该如何将大学里的科学研究用于工业生产。于是他们偷学英法的技术，模仿英法的产品。但山寨很难确保质量，因此英国议会在 1887 年 8 月 23 日通过对《商标法》的修改，要求所有进入英国本土和殖民地市场的德国进口货必须注明“德国制造”字样。这可不是什么正面的意思，而是一种侮辱，即告诉国人：这是德国货，请小心！

这段屈辱的日子并不算长，知耻而后勇的德国人，终于在美国人那里考察到了进步的奥秘。当时有许多美国人选择到德国学习，但拿到学位回国后，往往不是去大专院校从事教学和研究工作，而是选择创业。也正因此，当时的美国工业产品科技含金量最高。德国人认识到这一点后，开始大力促进应用科学的发展，充分利用基础科学的雄厚根基，将之引入工业实践，领导了“内燃机和电气化革命”，使德国工业经济获得了跳跃式的发展。

此后的德国，在机械、汽车、化工、光学、电器以及厨房用具、体育用品等方面都制造出了质量最为过硬的产品，“德国制造”一改以往的屈辱意味，成为品质的象征。如今德国的著名品牌多于那个时代发端。

但相比各种产品，更能让我体会德国工匠精神的却是一个景点——德国汉堡微缩景观世界。

汉堡微缩景观世界是位于德国汉堡仓库城的一处铁路模型展览中心，目前展览面积达 4000 平方米，由双胞胎兄弟格瑞特·布劳恩和弗瑞德里克·布劳恩共同创建。它是世界上最大的数控铁路模型，并因此进入《吉尼斯世界纪录大全》，而且，它的规模一直在扩大。

走进这里，你唯一的情绪也许就是惊叹。创建团队已经在这里花费了数十万个小时以上的时间，他们的敞开式工作场所就在展馆内，你在欣赏成品的同时，也可以见到他们的工作状态。

按照 2011 年的数据，这里的微缩景观已有七大主题，包括哈茨山、阿尔卑斯山、奥地利、汉堡、美国、斯堪的纳维亚和瑞士，缩放比例均为 1:87。共有铁轨约 15000 米，火车约 15000 个，模拟铁路线约 930 条，5000 座房屋和桥梁，近 25 万棵树木和 25 万个单人雕像，还有近 50 万盏灯光，共有 60 台计算机在后台指挥，控制火车运行和灯光等，每 15 分钟，展馆内就会变换一次白天与黑夜。

我到访这里时，已是 2015 年，主题自然有所增多，如巴伐利亚州、德国中部等主题都是新增，数十万个小场景栩栩如生。场景细致到了什么程度？你可以看到正在比赛的足球场，包括每个球员的动作、上万名观众的不同表情和姿势。你还可以见到赛马场，马匹的动作、骑师的手势、观众的表情，甚至连赛马场的草坪都做出了仿真效果！你还可以见到矿山和工地，大场景

REWE
hagebaumarkt

微缩景观世界是德国工匠精神的顶极体现，这种近乎“变态”的精致和严谨已成为德国人的名片。

自然令人惊叹，细节更是精益求精，比如矿山上的运矿卡车，不但各有职责，连车厢里的灰尘都栩栩如生。

最吸引人的还属微缩的克努芬恩机场，飞机起起落落，地勤人员十分忙碌，航站楼内灯火通明，机场外的出租车乖乖排队等客，还有搭上客人的出租车正在离开。

德国人的严谨、坚持和高超技术，在微缩景观世界里展露无遗。格瑞特·布劳恩和弗瑞德里克·布劳恩这对双胞胎兄弟最初打造这里时，只是出于兴趣，但随之便是多年的坚持。这不是工匠精神，又是什么呢?

无论是微缩景观世界，还是德国工业中的那些著名品牌，都体现了工匠精神的核心：精益求精。小到一把菜刀、一支铅笔，大到汽车和飞机，德国人都按照规范完成每道工序。工匠精神的另一个核心则是持之以恒。具备工匠精神的人，往往能隔绝外界纷扰，凭借执着与专注向目标迈进，甘于为一项技艺的传承和发展奉献毕生精力。

有人认为，“工匠精神”虽好，但未必有效率。尤其是在快节奏的今天，“慢工出细活”甚至会被鄙夷。但汉堡的微缩景观世界告诉我们，“工匠精神”并非没有效率，因为创建者将这种精神贯穿十年甚至一生，在这样的长时间段里，他会比只注重眼前利益的一般人收获更多，这注定了他的生命是高效的。

金属活字印刷：欧洲文明的发轫

德国是世界上大型书店密度最高的国家，也是世界上最喜欢阅读的国家之一。就在美因茨市中心，我见到了当地最大的书店。因为是周末的缘故，书店里人头涌动，但又十分安静，人们在里面挑书、看书。

这座城市与书香之间，有着极深的渊源，它甚至了改变了整个欧洲的认知体系。这一切，只因古腾堡的存在。

因为德国地名里"堡"特别多，所以初听"古腾堡"三个字，还以为是地名，后来才知道是人名。

古腾堡是美因茨人，生于1398年，去世于1468年。在他出生之前，中国的生产力和商业水平一直位居世界首位，金融业也强于当时仍受宗教观念束缚的西欧，还拥有世界上最庞大的城市群，虽然小农经济仍是主体，但商品经济在某些历史阶段已相当活跃。在知识传播方面，中国更是因为雕版技术的广泛应用而遥遥领先。但正是古腾堡的发明，使得欧洲迅速发展，地理大发现、宗教改革和工业革命风起云涌。中国则进步缓慢，最终被远远抛下。

这项发明是西方金属活字印刷术。这一发明被视为奠定欧洲现代文明发展的基石，是宗教改革的先声，是诱发工业革命的关键。美因茨的古腾堡博物馆就记录着古腾堡的故事以及其背后的印刷史。

说起活字印刷，小学生都知道这是中国四大发明之一，但有两个事实必须理清。

一是毕昇的活字印刷术虽远远早于古腾堡，但中国在此后600多年里并未大量使用，最常使用的仍是雕版印刷术。一般认为，毕昇于公元1048年前后发明活字印刷术，1314 年左右，元代的王祯创造木活字印刷术，1488 年，明代的华燧创造铜活字印刷术，但这些材质上的改变都未让活字印刷术得到广泛使用。直到 1839 年，西方铅字印刷传入，才真正取代雕版印刷。

二是目前并无文物证据证明中国的活字印刷曾传入欧洲，中西方交流必经之地的阿拉伯国家并未发现中国活字印刷西传的痕迹。因此主流学界认为，中国和欧洲的活字印刷术分属不同的独立发明。

20 世纪五六十年代，许多中国学者都喜欢引用两段话，以此证明活字印刷、火药和指南针这三大发明由中国传入欧洲，但这是不折不扣的曲解。

一段话出自英国哲学家培根，他在《新工具》中写道，印刷、火药和指南针“这三种发明已经在世界范围内把事物的全部面貌和情况都改变了”。另一段话出自马克思：“火药、指南针、印刷术——这是预告资产阶级社会到来的三大发明。火药把骑士阶层炸得粉碎，指南针打开了世界市场并建立了殖民地，而印刷术则变成了新教的工具，总的来说变成科学复兴的手段，变成对精神发展创造必要前提的最强大的杠杆。”

但不管是培根还是马克思，在他们的著作中都未把这三大发明的专利权归于中国人，原著的上下文都在谈欧洲，未提及中国。

准确来说，古腾堡的发明是可以大规模使用的活字印刷机，同时将印刷变成了一个有机生产系统。他用铅、锌和其他金属的合金制成活字，并改进油墨的性质，使其能牢牢地吸附在金属活字之上。更重要的是，他完善了金属活字印刷工艺，使之可以大规模生产。

古腾堡的发明是时势所需。从中世纪晚期到 15 世纪中叶，西欧地区的贸易、金融和城市化都有了长足进步，尤其是地中海沿岸的意大利和北海沿岸的汉萨同盟，都出现了手工业、商业发达的城市群，沟通两地交通的莱茵河流域也变得繁荣。

但与此同时，教会仍禁锢民众思想，大学和图书馆虽已兴起，但文盲率仍极高。施拉姆在《人类传播史》中写道，在古腾堡印刷机发明前的1450年，整个西欧只有几万本书，大部分是雕版或手抄本。

15世纪伊始，德国市民阶层开始要求打破教会阶层对知识的垄断。于是，便有了古腾堡的横空出世。他的发明在欧洲迅速普及，仅仅50年间，古腾堡金属活字印刷机就为欧洲贡献了3万种新印刷物，共计1200多万份，大大加快了知识的流通，维克多·雨果就将之称为“世界上最伟大的发明”。

古腾堡发明金属活字印刷机后，最大的成就当属印出约200部《圣经》。这些《圣经》使用华丽的哥特字体，大写字母及标题都由彩色手绘装饰，不同技工的装饰方法各不相同，使得每一部都是独一无二的精美工艺品。这些《圣经》有48部保存至今，包括20部全本，古腾堡博物馆里也有一部。最为完整的3部则分别藏于美国国会图书馆、法国国家图书馆和英国大英博物馆。

这种装饰风格在早期书籍中时常可见，古腾堡博物馆便有所展示。早期书籍多有留白，有些在段落之间，有些在页面四周。这是因为当时书籍还是稀罕物，得留足地方给拥有者画画。贵族读者会用鸡蛋清粘贴金箔或植物，这种鸡蛋清尤其适合羊皮纸书籍，可以长期保存。

而在古腾堡去世后，以金属活字印刷术印出的不同语言的《圣经》，更是彻底改变了欧洲社会。在此之前，罗马教会一直是基督教世界的精神领袖，垄断了对《圣经》的解释权，并借这一权力聚敛财富。古腾堡印刷机终结了拉丁文作为《圣经》唯一书面用语的历史，大量不同语言的《圣经》走入家庭，“继承了中世纪教堂的角色，成为人们精神的载体”。

在古腾堡印刷术诞生前，轰轰烈烈的“胡斯宗教改革”被镇压，胡斯被烧死。

但在古腾堡印刷术诞生后，马丁·路德创立新教，于 1517 年拉开宗教改革序幕，成功摧毁了天主教的精神独裁。成功与失败之间的差别就在于，马丁·路德可以大量印刷出版宣传新教的图书、小册子、传单和海报，使得民众可以告别愚昧。

宗教改革与工商业大发展息息相关，这是因为新教对工商业给予了充分的道德肯定。马克斯·韦伯在《新教伦理与资本主义精神》中写道，新教“具有把人们获得财富的要求从传统伦理中解放出来的心理功用。新教不仅把人们获得财富的冲动合法化，而且把它直接视作上帝的旨意”。

技术上的跨越式进步，带来的是巨大的市场和利润。古腾堡去世后仅仅 50 年左右，几乎每个欧洲重要城镇都出现了靠金属活字印刷术经营的店铺。

学界普遍认为，世界上第一个有着明显阶级色彩的资本主义企业就是采用金属活字印刷术的印刷厂，法国年鉴学派大师费夫贺与马尔坦在《印刷书的诞生》一书中就详细阐述了这一点。

欧洲广告业也在金属活字印刷术出现后发端，1473 年，英国第一个出版人威廉·坎克斯印刷了许多宣传宗教内容的印刷广告，张贴在伦敦街头，这是西方最早的印刷广告。1622 年，英国人尼古拉斯·布朗和托马斯·珂切尔创办的第一份英文报纸《每周新闻》在伦敦出版，当年曾刊出一则书籍广告。

更重要的则是地理大发现引发的世界经济变革。在古腾堡博物馆，可以见到彩印的欧洲和北非地图。金属活字印刷术诞生后，这样的地图和航海图大大增加，带有最初的全球化观念。即使这些地图不够准确，但却为时人带来了崭新的地理观念，促进了大航海时代的到来。

古腾堡印刷机打开了知识壁垒，为教育普及提供了足够条件，也为近代公民社会的形成奠定了知识基础。古腾堡印刷机带来的大众传播时代，更改变了整个世界。从报纸到期刊，这些传播媒介带来了新的空间观念，人们有了更广阔的表达渠道，得以参与到公共事务之中。

在后来的许多学术、纪实和文学著作中，印刷工业都是资本主义工业的典型。罗伯特·达恩顿的《屠猫记》中就重点提到印刷商和印刷工人。此外，在关于法国大革命、1848 年德国革命和 1905 年俄国革命的记载中，激进印刷商也都是典型。最有意思的是，不知是不是近水楼台先得月的缘故，离图书报刊比较近的印刷商，一直被历史记录者视为先进性代表，印刷工人更被视为工人阶级中最具智慧的群体。

当古腾堡的金属活字印刷术从欧洲传至中国后，这种情况也得以延续。在中国的近现代化发展历程中，繁荣富庶的“远东第一大城市”上海是一个绕不过去的存在，而印刷业以及由此衍生的出版业又是上海工商业的真正核心。

正是印刷业，使得晚清民初的文人和商人这两个原本互相轻视的群体结合了起来。从 1876 年到 1937 年，中国印刷业和出版业步入现代工业体系。在当时的棋盘街（今河南路）到四马路（今福州路）的区域里，集中了中国绝大多数出版商和重要媒体，还有大量书店。1930 年，印刷业成为中国工业投资的第三大形式，仅次于织锦业和制烟业。而且，从对社会的推动来看，印刷业远超前两者。

走在古腾堡博物馆里，思考着古腾堡与他之后的西方世界，很难不感慨于这样一个事实：最早发明活字印刷术的中国，并没有首先从中获益，反倒是西方人，受益于古腾堡并迅速崛起，掌握了世界话语权，代表了人类近现代文明的演进。

德国人并没有在这座博物馆里忘记中国的贡献，在一个独立的、以中国为主的东方展厅里，有毕昇的雕像，还有两个宋代活字印刷的圆盘形活字模——那是我们曾经拥有却未曾珍惜的辉煌。

“德国制造”的文具小把戏

有次去德国，一位朋友专门让我带一套辉柏嘉的彩色铅笔回来，说他画画要用。我说铅笔这东西哪里没得卖，他说那可不一样。我又说这年头直接海淘多方便，他说品类太多，海淘选择太少。

后来我去文具店一看，果不其然，德国人做个铅笔，都能做出花来。

辉柏嘉是德国第一文具品牌，是已有 200 多年历史的老企业，号称“铅笔之王”。

1662 年，世界上第一家铅笔厂——施德楼（Staedtler）铅笔厂在德国纽伦堡成立。在 1761 年将硫黄、锑和松香等物质掺入石墨，造出铅笔雏形的法伯尔，也拥有自己的法伯尔·卡斯特铅笔厂，同样于纽伦堡创建。

它们之所以都诞生在纽伦堡，是因为纽伦堡是中世纪欧洲最重要的贸易中心之一。纽伦堡的制笔商人最初去英国布洛迪尔一带购买高价石墨，后来则在纽伦堡当地开采质量较差的石墨。但采用本地石墨所制出的铅笔，质量也不过关。

真正让德国铅笔成为欧洲第一的，还是同样创建于纽伦堡的辉柏嘉品牌。这个至今已有 250 年历史的铅笔品牌，除了常规用笔外，最令人惊叹的就是不同系列的彩色铅笔。无论是红盒的儿童级、蓝盒的学院级还是绿盒的专业级，无论是水溶彩铅还是油溶彩铅，都经得起考验。

辉柏嘉始创于 1761 年，是欧洲最古老的工业企业之一，从一家小作坊成长为跨国企业，是目前世界上最大的铅笔制造商，目前年销售额超过 6 亿欧元。

辉柏嘉走高端路线，因此被称为“铅笔贵族”。比如伯爵系列，把制作小提琴和钢琴的木材用到了笔杆上。2000 年，保时捷还跨界 Faber-Castell，共同生产保时捷精品 TEC-FLEX 笔，笔杆采用编织方法。

在诞生后的数十年里，辉柏嘉都还是一个小小的家庭作坊式企业，甚至还没有“辉柏嘉”这个品牌。它的转折点在 1840 年，当时，这个家族企业已经传到了第四代，继承人是 Lother Von Faber。当时仅 22 岁的他，锐意进取，希望自家的铅笔能成为欧洲最优质的铅笔。他掌舵第二年，就创造性地把公司名字刻在铅笔上，首次将品牌概念带入铅笔制造业。于是，辉柏嘉品牌应运而生。

他还改变了铅笔传统的圆柱外形，推出了六棱柱铅笔，可以让铅笔不再那么容易滚下桌子。他第一个将铅笔生产标准化，并带头向德国国民议会呼吁制定商标保护法，该法令于 1875 年生效。也是在那期间，辉柏嘉获得了西伯利亚石墨矿的独家采矿权。

在“一战”爆发前，辉柏嘉最擅长制造的产品便已是瞄准艺术家、设计师、建筑师和工程师等高端群体的高价位铅笔，销量不大但利润极高。不过，真正让辉柏嘉彻底走上高端路线的，是第八代掌门人安顿伯爵。他至今仍有一个出名的习惯：把木制铅笔从自己城堡的塔楼摔到石质地面的庭院里。他这么做，只是想要证明自家的铅笔有多么结实。

这位掌门人于 1978 年接管家族企业。他原本是个银行家，起初拒绝接管家族生意。但后来，他发现家中有一支从古董商那里买来的辉柏嘉铅笔，它是 1890 年或 1895 年制造的，虽然过了很多年，但仍书写流畅。安顿伯爵感慨之下，决定重振辉柏嘉。

那时的辉柏嘉，除铅笔外，还生产钢笔、蜡笔、艺术和绘画用品、橡皮和卷笔刀等文具。但面对电子化的冲击，企业正面临困境。

于是，安顿伯爵调整思路，决心把日常用品变成奢侈品。面向艺术家的彩色铅笔、售价达数千美元的钢笔，就此一一诞生。当铅笔的生产方式逐渐从手工过渡到机器时，辉柏嘉却在 1993 年开设了前文提到的伯爵系列，全手工打造。

2011 年，辉柏嘉迎来 250 周年大庆，推出了笔盖和笔夹以铂金制作、末端还镶嵌三颗美钻的铅笔，限量发行 99 支，每支售价 127500 港币。

更重要的是，在产业转移大行其道的今天，无数大厂牌都将生产转移到亚洲和南美洲等新兴市场，以求降低成本，但辉柏嘉却坚持在德国生产。目前的辉柏嘉，连厂房都如童话世界，与他们生产出来的彩色铅笔相得益彰。在安顿伯爵看来，“德国制造”和其背后精益求精的精神，才是辉柏嘉最大的竞争力。

辉柏嘉最令人称道的是社会责任感。作为铅笔制造商，辉柏嘉需要用到大量木材。为了环保，辉柏嘉拥有自己的木材种植园来供应木料，以避免砍伐热带雨林的树木。而且，辉柏嘉在种植园里每砍一棵树，都会种回一棵新树。

曾经有人质疑过德国铅笔产业的家族化问题，认为清一色的家族企业会影响创新。毕竟，辉柏嘉、施德楼、思笔乐（Stabilo）和凌美（LAMY）这铅笔业四大巨头都是家族企业，而且除了凌美位于海德堡之外，另外三家都在纽伦堡。但事实却非如此，尽管数字化时代使得人们用笔的概率大大下降，但因为走高端路线，这几家大品牌的销售额仍然在持续增长。

小香肠也是按标准流程生产

再没有哪个民族，能像德国人这般热爱香肠。在德国任何城市的集市里转转，都能见到各种各样的香肠。去餐厅吃饭，如果你实在拿不准要吃什么，在香肠那一栏里随便挑一款总不会错——我就是这样应付我儿子的。

据说，德国香肠的种类多达 1500 多种，德国人均每年消耗猪肉 65 公斤，所谓德国名菜多与猪肉有关，而香肠占比极高。将一种食物的种类发展至 1500 种，必然是热爱与认真兼而有之。德国人的严谨用心，并不仅体现在工业上，也体现在日常餐桌上。

德国各地都有自己的特色香肠，其中柏林以咖喱香肠著称。咖喱香肠的缘起有个故事，据说一位开小吃店的女士下楼时不小心摔倒，打翻了手上的番茄酱和咖喱粉，由于当时正是战时，物资短缺，女士不愿浪费，便拿来当成香肠的蘸酱，于是咖喱香肠就此诞生。

市区里那座咖喱香肠博物馆，也被列为柏林必游。这间博物馆其实很小，在内街一栋大楼的一楼，走进去简直可以一眼看完。最特别的是一台咖喱香肠餐车，展示咖喱香肠的制作程序。

不过我最喜欢的香肠，当属巴伐利亚白香肠。它由小牛肉和腌猪肉制成，外观呈白色，最常见的烹煮方法是在沸水中加热大概 10 分钟，并放置在一碗沸水中上菜，使之不会迅速冷却。吃的时候得去掉肠衣，并搭配传统的甜芥末酱。

它的诞生也有故事，同样也源自偶然。话说 1857 年，某餐馆老板准备煎香肠，但肠衣不够，只能用猪肠来做肠衣。因为担心又大又软的猪肠被干煎后会爆开，便采用白煮方式，结果大受欢迎。

似乎走在德国每个区域，都能见到不一样的香肠。著名的图林根香肠以墨角兰香料为特色，在图林根州首府埃尔福特，以及周边的魏玛、耶拿等城市，都可以吃到它。作为一个肝脏爱好者，卡塞尔的肝泥香肠，是我心中仅次于巴伐利亚白香肠的德国香肠，总能让我想起香港镛记的鸭润肠和鹅润肠（粤语称“肝”为“润”）。

如果去施瓦本地区，黑香肠也是一绝，百里香的味道十分浓郁。纽伦堡虽然也算是施瓦本地区，但细长的纽伦堡香肠别具一格，口感也独特。

让我印象最深的香肠，其实来自南部的千年古城雷根斯堡。这座城市有

把香肠做成玩具，可见香肠快成德国的“吉祥物”了。

一座横跨多瑙河的石桥，桥头有一家小小的餐馆，以香肠闻名。

修建石桥时，这家香肠店便已存在，一度是工人们的饭堂。屈指一算，若四舍五入，称其为千年老店也不为过。

近千年的石桥，近千年的老店，就这样彼此相伴，见证一段因坚持而悠长的历史。

另一个著名品牌当属纽伦堡香肠，即使在国内西餐厅也常见这一菜式，当然，选用的是罐头香肠或国产货。有纽伦堡香肠的常常是儿童餐，这也是因为纽伦堡香肠的特色——小，并且是烤制的。小就容易入口，烤制也是孩子喜欢的烹饪方式。纽伦堡香肠只有拇指大小，烤制后非常香。

关于这款香肠的诞生有个传说，当年纽伦堡的监狱不允许探监者给犯人带东西，有一位女士为了让自己的亲人在监狱中吃上香肠，就将香肠切得细细小小，从监房锁眼塞进去。后来，纽伦堡人纷纷效仿，就有了纽伦堡香肠。

另一种比较偏重市场的说法则是，早在 1313 年，纽伦堡人就已经开始煎烤香肠。16 世纪末，煎烤香肠因为价格太高而遇冷，纽伦堡人就发明了又细又小的香肠，以求薄利多销，大获成功。

纽伦堡香肠不仅是食物，在某种意义上也可算是“德国制造”的代表。别看它只是这么短短一条香肠，可也是德国式流程标准的体现。2003 年 8 月，纽伦堡香肠得到了欧盟地理保护认证，只有在纽伦堡地区按照认证食谱制作的香肠才能被称为“正宗纽伦堡香肠”。

至于吃法，倒是非常多样。最传统的当然是搭配酸菜或土豆沙拉。还有一种汤煮做法配面包也是潮流。

以白香肠著称的慕尼黑，最著名的餐厅是皇家啤酒屋，烤猪肘好像比白

在德国，每个地方都有自己的“招牌香肠餐”。

香肠更出名。而在纽伦堡，纽伦堡香肠则是当之无愧的招牌。

拥有全球最知名圣诞广场之一的纽伦堡，每逢圣诞期间都被称作“一生必须要去的地方”。不过，非圣诞期间也可以来这里感受一下广场旁的玫瑰香肠屋。

玫瑰香肠屋是全球最大的香肠餐厅，可容纳550名客人同时就餐。1480年，这家餐厅首次见于历史记载，阿尔布雷特·丢勒、汉斯·萨克斯等都是常客。

黑森林蛋糕：原料严格挑选

喜欢吃甜品的人，没有不知道黑森林蛋糕的。如果说香肠是德国菜的代表，那么黑森林蛋糕就是德国甜品的代表。

不过，如果你以为在德国任何餐厅都能吃到黑森林蛋糕，那就错了。对严谨的德国人来说，黑森林蛋糕的生产有着严格的标准和流程，而且受到保护。如果厨师并未按照标准执行，或者将其他原料制成的蛋糕命名为黑森林蛋糕，甚至会有关店风险。所以许多餐厅认为自己无法达标，就选择不做。

黑森林蛋糕跟德国西南部山区的黑森林到底有没有关系？这个问题并无定论。有人认为黑森林蛋糕上那些黑色巧克力碎末会让人联想到黑森林；也有人认为黑森林蛋糕的重要配料樱桃酒是黑森林特产，因此而得名；更有一种说法，认为黑森林蛋糕并非源自黑森林，很可能是因为蛋糕的样子酷似黑森林地区的民族服饰而得名，黑巧克力碎末像黑色外衣，白奶油像白衬衫，奶油上的樱桃则让人联想到黑森林特有的白底红珠大绒球帽，即传说中的“洋葱帽”。

我个人倾向于前两种说法，原因很简单：在黑森林地区的德国餐厅里，找到黑森林蛋糕的概率最大。

在弗莱堡市郊绍因斯兰山的山顶餐厅，黑森林蛋糕似乎就是首选。面对着漫山遍野的森林，点上一块黑森林蛋糕，相得益彰。

黑森林蛋糕于 20 世纪 30 年代开始流行，时至今日已成为世界上最知名的甜点之一。但老实说，我们平时在国内吃到的黑森林蛋糕，总带着淡淡的防腐剂味道。这是因为大多数餐厅都并未严格选用黑森林蛋糕所需要的原料，比如新鲜樱桃变成了罐头樱桃。

黑森林蛋糕的精髓，就在于樱桃。每年樱桃丰收季，黑森林地区的主妇都会将樱桃一颗颗塞入蛋糕的夹层，这是我们能看到的。还有看不到的：她们在打奶油时会加入大量樱桃汁，制作蛋糕坯时也会在面糊中加入大量樱桃汁和樱桃酒。

有意思的是，当年德国曾有过消费者因黑森林蛋糕的樱桃含量太少，而对店家提出控告的案例。德国政府因此做出相关规定：黑森林蛋糕的鲜奶油中至少得含有 80 克樱桃汁。

小政府，大社会

公民的安全感来自成熟而完善的社会保障体系，一个社会的底气来自人性化的税收和补贴，公共服务的精髓在于以人为本、深入群众。政府的服务细节，便藏在公民的一粥一饭、一举一动里。

垃圾分类“从娃娃抓起”

对垃圾分类问题谈得最细的书，出自郑华娟之手。这位创作了《加州阳光》《聪明糊涂心》《蒙娜丽莎的眼泪》《太委屈》《谢谢你曾经爱过我》和《箱子》等华语乐坛经典之作的音乐人，早于1993年远嫁德国，写了不少有关德国旅行、生活的书籍。

直到前几年，郑华娟还曾在书中写道，因为德国过于细致的垃圾分类和严格的操作时间，自己还经常闹笑话犯错误。比如错过了垃圾车导致不能将厨余送出家门，只能再在家里放两天。在她看来，德国移民面对的最大难题，就是搞清楚垃圾分类的规则。这事儿如果不能从小耳濡目染接受教育，半路出家会非常麻烦，但从这一点也能看出德国人的严谨与规范。在德国住久了，周末也要定闹钟按时起床，把垃圾桶放到外面等待清运车辆到来。每周收一次日常垃圾，每月收一次废纸，每季度收一次旧家具、旧轮胎，具体日期都写在《垃圾清运时间表》上。

德国人在倒垃圾方面不仅严谨，花费也相当大。生活垃圾需要一个垃圾桶，其他垃圾也需要分门别类。据说，每个德国人每年在垃圾方面的基本支出是

500 欧元，这笔花费实在不菲。

德国人之所以自觉遵守垃圾处理原则，并甘愿为之付出这笔钱，是因为多年一贯的环保思维已然根深蒂固。而且，未来只会更好，因为相比“半路出家”的老一辈，如今的德国早已“从娃娃抓起”，孩子从幼儿园开始就被灌输环保意识和垃圾分类知识。

其实，当年的德国也走了“先污染后治理”的老路。20 世纪 70 年代，德国发生了一系列环境灾难，二氧化碳排放大幅增加，水域中的生物急剧减少，垃圾堆放场周围的土壤和地下水受到污染，自然环境受到破坏，民众深受其害。于是，当时的西德政府出台了一系列环境保护方面的法律和法规。《垃圾处理法》是德国第一部环境保护法，随后，各种相关的环保法律和法规相继出台。到目前为止，全德国联邦和各州有关环保的法律、法规有 8000 多部，除了实施本国的法律法规外，德国还实施欧盟的有关法规 400 多个。从 1972 年通过第一部环保法至今，德国已拥有世界上最完备、最详细的环境保护法律体系。德国有关垃圾处理的核心法律是 1994 年颁布、1996 年生效的《循环经济法与垃圾法》。

德国人的环保意识经历了从被动环保转变为个人自觉的过程。虽然垃圾分类带给居民许多麻烦，但多数德国人不但自己认真执行垃圾分类的规定，还自觉监督别人。德国有上千个环保组织，人员达到 200 万左右，90% 以上的成员都是义务兼职人员，他们无偿为环保事业做了大量工作。

为了强制每个居民分类倒弃垃圾，德国政府制定了一套严格的处罚规定，并设有“环境警察”。一旦发现居民乱倒垃圾，就会发警告信，如发现居民不及时改正，会发罚单；再不改，收取垃圾的费用就会提升，从而加重整个小区住户的垃圾处理费用，不仅会招来邻居的谴责，甚至有可能被管理员赶出公寓。

在德国，日常垃圾一般分 4—5 类，然后再细分出至少 62 种生活垃圾。垃圾分为有机物（Bioabfall）、包装袋（Verpackung）、纸（Papier）、玻璃（Glass）与其他诸如电池一类的特殊垃圾（Sonderabfall）。德国各联邦采用不同颜色的垃圾桶进行垃圾分类。

比如蓝色桶是纸类。废纸在垃圾中占比很高，一般来说，除了自家有蓝色桶之外，德国社区和街道也会分布定点的大铁皮箱，用于放置废纸类垃圾。德国人对废纸的定义，包括了旧报纸、杂志、复印纸、笔记本、硬纸板、包装材料、食品包装纸和披萨饼盒等。

看起来有点类似纸，但不属于废纸的也很多，如人造材料制作的塑料铝箔、聚苯乙烯泡沫塑料、有金属和玻璃污染的纸等。耐水性也是考量因素，因此羊皮纸、幻灯片、照片和那种包装精美的小册子，也不属于废纸类。

包装类垃圾有自己的指定垃圾桶，包括罐头、饮料罐、铝罐、复合材料的饮料盒、真空包装的牛奶盒等。此外，化妆品包装袋、水果和蔬菜的填充发泡包装等也属此类。像牛奶盒，德国人都会将之压扁后再丢弃，以节省空间。

棕色或绿色桶专门装有机物，包括食物残渣、花园树木剪下的残枝、草坪割下来的草等等。

黄色桶主要是装食品塑料包装、饮水瓶子、金属易拉罐、日常废旧塑料等。黑色桶是不包含有害物质的不可再生垃圾。

垃圾桶原则上都是滑盖式设计，丢垃圾时须把盖子向上打开，松手后盖子会自动落下。如此设计的用意在于防雨水、蚊虫入侵以及防异味散出。桶下面都有便于垃圾清洁员推拉的轮子。

比如生活垃圾，德国人都会在收取的头天晚上将圆形垃圾桶放在家门口

当垃圾精准分类成为习惯，也就不觉得麻烦。

的人行道上。我曾在清晨见到这样的场景，只见大大小小的同色垃圾桶摆在人行道上。垃圾桶的大小，是每个家庭根据自己的人口和垃圾数量来自行确定的，垃圾桶越大，价格就越高。尤其是不可回收垃圾所用的垃圾桶，按照一些城市的标准，最小的 50 升桶年费也高达 96 欧元，最大的 240 升桶，年费达到 460 欧元。这个费用包括一年清运 12 次不可回收垃圾、26 次生物垃圾和 13 次废纸的服务。如果需要增加清运次数，每次加收 8 欧元到 38 欧元不等。不可回收垃圾扔得越多，付的钱就越多。这是为了鼓励居民们多进行分类，少产生垃圾。

也有特殊情况，比如家里垃圾实在太多，最大的垃圾桶也放不下，那怎么办？就只能出动大的塑料垃圾袋了。因为环保的缘故，这种垃圾袋非常贵，5欧元一个，而且是指定品种，如果你打算随便找个袋子装垃圾放在门口，肯定不会如愿，因为垃圾车根本就不会收。

垃圾车收垃圾并不是随便收的，特定的垃圾车于特定的日子，也许只会收某种类型的垃圾。比如有一次，我就见到一辆垃圾车，只收了绿色垃圾桶里的垃圾，其他颜色的统统不管，便直接开走。

绿色垃圾桶装的是有机垃圾类，有时棕色垃圾桶也属此类。所谓有机垃圾，最主要的就是厨余。一般来说，德国人不会每天都把厨余垃圾放到社区垃圾桶里，而是会在厨房里放一个小垃圾桶专门用来放置厨余，满了之后再拿出来倒。

有一次，我夜住海德堡老城，早上七点多醒来，出门闲逛。清晨的海德堡，清冷安静，石板路上干干净净，偶有晨练者跑过。有个大叔一路跟我并排而行，手里拎着个大袋子，我拎着相机边走边拍，他也优哉游哉。我们就这样足足走过了整条街，再拐个弯，步入一条狭窄的石板路，大叔停下脚步，在路口打开一个垃圾桶盖子，把手里的袋子放了进去。

走整条马路扔垃圾？刚才路上已经有垃圾桶，大叔为何舍近求远？我一时好奇，打开垃圾桶看看，里面干干净净，也无异味，袋口全部扎好。我打开一个袋子看看，里面居然全是啤酒瓶，再打开一个，也是酒瓶。

更有意思的是，我打开隔壁一个垃圾桶再看看，里面居然都是透明无色的调料瓶和果酱瓶子。

后来查了一下才知道，即使只是回收玻璃瓶，都有几种不同的垃圾桶，而且垃圾桶的桶身上已经标明了颜色，如无色、绿色和棕色等。德国人民不但要按颜色分类，还不能将瓶盖一起放进去，所以，我在垃圾桶里见到的瓶子，都没有瓶盖。最重要的是，瓶子必须冲洗干净，里面不能有残留物。值得一提的是，玻璃瓶只能在白天扔，因为晚上会发出大声响。

而且，这类垃圾箱仅仅收玻璃瓶，并不收其他玻璃垃圾和类玻璃垃圾。比如瓷器和陶器、打碎的碗和盘子等，就不能跟玻璃瓶一起扔。另外，灯泡、灯管也不行，玻璃门窗、汽车玻璃和镜子等也不属此类。要扔这些废旧玻璃，也得自己提着去特定地点扔掉。由于这类垃圾相对较少，垃圾桶也不会太密集，所以经常要自己开着车去扔垃圾。

用押金管控塑料瓶、易拉罐回收

一般来说，矿泉水、可乐和啤酒等的瓶子，付款时都涵盖了瓶子押金这一项。喝完后，可以拿着空瓶给回超市，超市会退还押金，一般为 0.25 欧元，如果是超过 1.25 升的大瓶子，可能达到 0.5 欧元，攒下来也是不小的数目。要知道，德国人很少喝水，而是以饮料为主，啤酒更不必说，一辈子消耗的瓶瓶罐罐，估计是天文数字吧。

在其他国家旅行时，我也问了一下，都没有类似的押金设置。后来查资料，发现德国是欧洲唯一实行塑料瓶和易拉罐回收押金制的国家。据说该法令在 2003 年刚实施时，曾遭遇食品工业团体的抵制，认为此举影响销量，并诉诸法庭，但这项长期有利的法令还是得以实施。目前，德国有十几万台回收瓶子的机器，只要投入瓶子就能得到押金，避免瓶子的重复生产，可以循环利用。

在欧洲，公益回收已实施多年。在德国，旧衣物、书籍、鞋子和家用摆饰等都设有固定的大型回收桶，上面会标注为哪家慈善机构而设、联络电话、注册号码等以备查询，不会导致捐赠变成一笔糊涂账。教会也有指定的回收点。当然，在捐赠之前，必须要把这些旧衣服、床单等洗干净。

有数据显示，德国垃圾回收利用率高达 80%，而且不仅限于生活垃圾。比如建筑垃圾，从土石、瓦砾到钢筋，德国人都会一一分类，回收利用。

绿色垃圾的利用也非常充分。德国人只要家里有花园，都会在角落里放上绿色垃圾桶，蔬菜、咖啡渣和果皮都可以扔进去发酵，然后作为绿色肥料使用。但别以为什么都可以往里丢，橘子皮和柚子皮不能丢，因为会导致土壤变酸，剩菜剩饭也不行，免得招惹老鼠，再就是坚硬的果壳（如核桃）也不行，因为不会自行腐烂发酵。

如果是废置的生活用品，还可以拿到跳蚤市场售卖。如果你留心德国报纸的分类广告，会发现旧物转让或者转赠类广告不少，对德国人来说，这是很平常的事情。

像废电池这种令环保人士头痛并百般呼吁的垃圾，在德国也有严格的回收规定。有一回，途经德国中部一个不知名小镇的郊外超市，停车进去买了一堆果汁和零食，用于旅途补给。买单排队时，见到收银台边上有个垃圾桶，里面只有废电池。刚巧有人经过，从裤兜里掏出几节旧电池扔进去，然后转进超市，拿了两排新电池，就跟在我后面等着排队买单。

此外，如油漆、灯管、灯具、过期药品、化学制品、农药、废旧温度计、汽车保养制剂乃至酸碱溶剂等，都属于特殊垃圾序列。这类带有污染物的特殊垃圾，不能随便扔，必须致电垃圾回收部门，对方会在约定时间上门回收。废电池相对简单，没这么麻烦，毕竟电池用完，人们大多数时候都会买新的，所以超市里便设置了回收桶。

如今，每家每户都有大量电器，废旧电器污染也是各国的环保难题。德国人当然也有许多大型电器要扔，这些都需要提前报备，要自己送去垃圾回收站。电视、冰箱之类的大件，如果规格超标，有时还会被收取处理费用，在垃圾回收站的大门口有详细的规格和价格表。

德国人盖房子，政府先要“三通一平”

据我观察，德国人乃至欧洲人的房子都不大，但统计数据显示人均住房面积倒还不小，已经超过 33 平方米。

在城市里，大致能看到两种房子。一种是老城区的老房子，或者说修旧如旧的房子，保留旧有结构，有些属于独门独户，有些则住了几户。这类房子外观好看，内部经过改造后也相当舒适。还有一种是新建公寓楼，有点类似我们的小区。但在欧洲，可别想见到国内那种动辄几十栋高层建筑的庞大小区，两三栋四五层的小楼，其实就已经是一个小区。这类房子外观普通，但内部都很新，也很适合居住。

如果是中产阶层，最好的选择当然是郊区别墅。德国城市普遍很小，所谓郊区，距离主城区往往也不过十分钟车程，甚至可以步行到达，以我们的眼光来看，压根不算“郊”。再就是农村的独立院落，看起来也是豪宅的样子，但在德国遍地都是，毫不稀奇。

也只有在郊区和农村，才会见到德国人盖房子的情景。

即便是农村院落，也颇有豪宅的风范。

作为一个好奇的人，我见到类似场面，总会停车走过去看看。德国人盖房子，基础打得牢靠，而且工地十分干净，与国内的工地地面坑洼、尘土飞扬、脏到无法下脚相比，德国人的工地现场，条理分明，工具整整齐齐，工人有板有眼。

有人告诉我，德国人自己买地建房，花费也不算太大，而且土地所有权归自己，算是一劳永逸。更便宜的办法是租地建房，每年交点土地使用租金给国家或者开发商即可，这是德国政府对低收入阶层的福利保障政策。

盖房子之前，先干活的其实是德国政府。因为政府要确保“三通一平”，即通水、通电、通路、地面平整。而且，室内节能、保温、绝缘、防污染等设备也要齐备。

也正因为德国政府的工作做在前面，我们才会见到那么多令我们艳羡的院落，不管在德国的哪个角落，它们的设施都是完善的。

根据我的观察，德国的房价要是跟中国的同级别城市对比，简直低到吓人。

总体来说，德国近年来房价增长幅度挺大，但整体房价大概与中国的二线城市相当，比起北上广深和那十几个新一线城市，则有明显差距。像法兰克福城市圈，包括了法兰克福、斯图加特和海德堡等发达城市，市中心房价不过是4000多欧元/平方米，折合人民币3万多元，贵的也不过6000欧元，折合人民币4万多元。数据显示，法兰克福最顶级的豪宅，价位在每平方米8000欧元左右，折合人民币6万多元，看起来很贵，但对比北上广深的顶级豪宅价格，差距仍极大。我在汉堡和慕尼黑市中心都研究过不少房产广告，普通的房子价格基本在每平方米四五千欧元。

按照官方的最新数据，德国房价最贵的城市是慕尼黑，其次是汉堡、法兰克福、斯图加特、杜塞尔多夫、科隆，柏林仅仅排名第七。即使是慕尼黑，平均房价也不过是5000欧元，汉堡、法兰克福和斯图加特的平均房价仅仅是4000欧元左右，至于柏林，平均房价只有2300欧元，折合人民币不到两万元。

换言之，在德国经济最发达的城市，买一套地段普通、六七十平方米的小房子，需要不到30万欧元，折合人民币不到两百万元。即使买二三百平方米的别墅，100万欧元以内也可以解决。而且，老外的别墅可跟我们的小区式别墅不一样，哪怕房子不大，花园也大到能跑马，动辄几亩地。

更重要的是，这个价格是市中心价格。以德国的地理状况和交通状况，大多数人的居住选择是几万到十万人口的小城市。即使是发达大城市近郊的小城市，房价都明显下降，每平方米两三千欧元的房子比比皆是，对比一下广州旁边的佛山，上海附近的苏杭，你就明白德国人的房子有多便宜了。

如果在前东德地区，很多城市的房价甚至会下探到1万欧元左右，即人民币七八千元。这个房价与中国三四线城市相当，但宜居程度可是完全没法比。

有意思的是，德国有大量古堡、老宫殿和庄园，散落于不同区域和不同城市，有些还在密林或山中，就像英剧里那般。这样的大型房产也常常能见

在德国，几乎见不到包含几十栋高层建筑的庞大小区。

到出售信息，面积一般都大到吓死人，比如占地一两千亩，内有多栋大型建筑，面积过万平方米，但价格也就三五百万欧元，折合人民币 2000 万到 4000 万元之间。有些市区内的老房子也会整栋出售，多半是旧时宫殿或官邸，几千平方米，又位居市中心，也不过是三四百万欧元。这个整体价格当然很吓人，但如果你想想几千万元人民币在北上广深能买什么样的豪宅，就明白差别了。

更重要的是，你还要考虑中国人的平均收入与德国人的差距。换言之，人家收入比你高，房价却不比你贵。

2018 年，德国房价出现飙涨，但即使如此，仍然不算高。

前几年，我看过一个数据，称只有不到 50% 的德国人拥有自己的房产，换言之，起码有一半德国人选择租房居住。

德国人对房子没有执念，当然也可以理解。德国有优厚的福利政策，教育和医疗都免费，从出生到死亡，样样都有保障。他们并不需要额外的安全感，所以大可将钱和精力用在其他地方上。从生活质量上来说，德国人有没有属于自己的房子，其实也没什么区别，许多人一辈子都在租房子，也没有什么不妥。

所以，在德国街头看中介广告，租房广告大大多于购房。与房价一样，租房价格也跟地方经济息息相关。房价最贵的慕尼黑，租房价格也最贵，法兰克福城市圈次之。

德国房价近年来有所上涨，租房价格也随之走高。数据显示，2002 年，在慕尼黑市中心租个六七十平方米的公寓，每月是 1300 欧元左右，前两年在老市政厅一带看广告，每月 1800 欧元也不罕见，大致相当于人民币 1.5 万元，相当之高。不过这只是慕尼黑市中心的价格，据我观察，作为租房价格最高的城市，类似面积的公寓，慕尼黑市区整体的平均月租金应该是 1200 欧元左右。

换言之，每平方米接近 20 欧元。

前些日子读到一个数据，印证了我的观察。数据显示，慕尼黑市中心的房租均价达到 28 欧元 / 平方米，全市的房租均价则接近 20 欧元 / 平方米。排名第二的是杜塞尔多夫，第三为斯图加特，平均每平方米的租金都是 15 欧元到 16 欧元之间。

但在其他一些大城市，尤其是前东德地区的大城市，租金几乎是“断崖式下跌”。像莱比锡和德累斯顿，平均每平方米的租金都不到 10 欧元，换言之，租一个 60 平方米的公寓，每月需要五六百欧元，折合人民币四五千元。

中型城市的租金会更低，我在班贝格、科堡等城市观察到的数据显示，六七十平方米的公寓，租金基本在两三百欧元。要知道，这些地方在德国也已算是大城市。如果是那种人口两三万的小城，价格可以下探到每平方米 3 欧元左右。以六七十平方米的公寓为例，租金折合人民币在两千元以内。

至于首都柏林，西柏林地区的价格会高于东柏林，整体租金远低于慕尼黑，高于德累斯顿，每平方米大概在 10—12 欧元。

据说，在德国租房比较省心。想想也是，一来规范，二来租房的群体特别大。德国《宪法》规定，房东若非经过诉讼途径，不得强迫房客搬出，所以很多人会租一个房子过一辈子。德国的每座城镇都有独立机构，会根据房屋的地理位置、交通状况、建筑年份、质量及节能情况，规定房屋的基本租金范围，这个范围也受法律限制。所以，房东要加租，必须出示书面陈述，获批之后才能执行。这样一来，租房者还能不省心吗？

在弗莱堡老城区，步行 2 分钟就能坐上车

傍晚走在弗莱堡老城，极其轻松惬意。一来小溪贯穿老城，流水潺潺，二来走在铺满鹅卵石图案的路上，仿如探秘，十分有趣。更重要的是，都是步行区，不用担心汽车的问题。当然，有时听到从远处传来的"铛铛"声也要留心，因为那是电车来了。

德国大多数城市都有步行区，但像弗莱堡老城这么大的步行区，还真是独一无二。一般来说，步行区环保又宜人，但我们国内设置的许多步行区，反而阻碍了周边交通，造成其他路段拥堵，停车也成问题，而且如果你不小心住在步行区，每天出入也不方便。弗莱堡就不会这样，每条大街都有电车经过，不管你在老城的哪个街巷，走出来两分钟就能坐上车。

早在 1969 年，这座城市就制订了第一个"交通总规划"，此后几十年间，弗莱堡的公交车线路、自行车专用道和步行街区的扩建从未间断过，弗莱堡也因此拿过"欧洲短距离交通奖"。

之所以要不断扩建路网，是因为弗莱堡交通政策的首要目标便是尽量降低市区交通流量，因此必须保证机动车在城市外围快速通过，尽量避开住宅区。另外，有轨电车的铺设已经遍及全城，65% 的城市居民住在有轨电车沿线附近，出门即可乘车，十分方便。

有个数据值得一提，弗莱堡每千人拥有私家车 423 辆，这个数字放在中国十分惊人，但在一个家庭普遍拥有两三辆车的德国，却相当之低。在德国 15 万以上人口的城市里，弗莱堡的私家车拥有比例是最低的。

在弗莱堡，还有一个更触动我的细节：在西方城市里，大型超市位于城

公共交通以外的机动车不能驶入弗莱堡老城，这使得弗莱堡成为最适合步行的城市之一。

市郊区或者边缘，是很普遍的现象，开着车去购物，也是欧美民众习以为常之事。可是在弗莱堡，我入城时曾习惯性找超市，以求顺便补给，却没碰上。倒是在老城晃荡时，常常可以见到各种超市，结果一路买个不停。

原来，弗莱堡在超市和商店的设置上也有规划布局，只要是住宅区，就得保证居民能在步行距离内完成生活购物。反倒是欧美最常见的郊外大型超市，不在弗莱堡的规划之内。这座环保之都的特别，由此可见一斑。

完善而成熟的雪灾预警和应对体系

如果不是长住德国，仅仅是个游客，即使来的次数再多，雪天驾车的经验也不会太丰富，大多数人甚至压根为零。毕竟冬天是欧洲旅行淡季，一来雨雪天气多，二来下午四五点天就变黑，游玩时间凭空比夏季少了一半，其实很不划算。

我的雪天驾车经历也不丰富，但总算有过，也见证过突如其来的寒潮。印象最深的是从奥格斯堡前往菲森的路上。菲森小城的最知名景点当然是游客必去的新天鹅堡，沿途基本没走高速，而是普通公路。之前两天，寒潮突然来袭，气温骤降 20 度，当日虽然气温大大回升，但也是零下几度。道路两旁积雪甚厚，尝试走进去，直没小腿肚。但行驶在两车道的狭窄公路上，你压根看不到路面积雪。

所以，这一趟旅途的驾驶感受就非常有趣：道路平坦，不但没有积雪，甚至连水迹都很少看到，无须担心湿滑难行。但另一方面，两侧建筑和原野都被白雪覆盖，远方有大团大团的白云和延绵雪山，景致极美。

道路上为何没有积雪？德国人是怎么做到的？稍后见到的除雪车给了我一部分答案。除雪车的外形很像卡车，但车头有个除雪器，行进速度相当快，所到之处，路面积雪瞬间消失。同时，除雪车还会将积雪喷到旁边的卡车里。两相配合，路面会以超快速度被清理干净。

让我惊诧的是除雪车的快速有效，驶过之处真的再无半点积雪，我不懂其科技原理，只能大感惊讶。据说，如果是高速公路出现这种情况，常常是几辆甚至十几辆除雪车集体出动，几下子就能让道路通畅。

之所以说除雪车给了我“一部分答案”，是因为它仅仅是个表象，是德国在冰雪天气甚至雪灾面前那一整套防范机制的其中一环而已。

德国冬季常见冰雪天气，雪灾也频频发生。也正因此，德国在应对方面有着成熟的经验和体系。资料显示，早在 20 世纪 90 年代初，德国就已建立起完善的雪灾预警和应对体系。联邦和各州都组建了雪灾防治中心，由气象、电力、交通等部门共同组成，对雪灾及其他紧急情况进行预测和监控。此外，德国民间也有提供各类气象服务、应急服务及扫雪服务的商业公司，可以在冰雪天气时为民众提供服务。

在这个应对体系中，交通方面绝对是重中之重。像德国这样的汽车大国，人口仅仅 8200 万，私家车保有量竟然超过 5000 万辆，一旦因暴雪出现交通拥堵，后果必然严重。

因此，德国各州都有大雪过后的道路清理工作法规。如柏林州就在《道路清扫法》中将柏林市区及周边乡镇上千条道路详细编号，并按照重要程度和路面冰雪的危险程度分为 3 个等级，降雪后首先要清扫包括市区内的主干道、十字路口、道路转弯以及公交线路等最高等级道路，而非主干道、公路辅路或连接乡村的公路等可以延后清扫。

而在北莱茵－威斯特法伦州，各主要城市市区内有 2200 多条道路，另外还有 2 万余公里的高速公路和乡村公路。州政府多年来制订了详尽的应急方案，下雪后这些道路都会及时得到清扫。根据应急方案，全州每年冬天都需要有 700 多辆扫雪车整装待命，同时还有 210 个仓库储备了 12 万吨融雪盐。

当然，除雪车可不是万能的，遇上那种暴雪天气，德国也会出现大雪封路的情况，处理速度也会慢一些。但根据德国的整套相关机制，对道路的处理有轻重缓急之分，优先确保高速和主干道的清理，足以尽量降低影响。

大雪天气放心出行，
得益于德国成熟的雪灾应对体系。

在菲森，有一次我在路边找地方停车，却见到道路两旁原先的画线车位上竖着牌子，貌似是不允许停，而且整条路上确实没有车辆停放。因为看不懂德语，只好求助路人。经过解释才明白，德国交通法有相关规定，如果在大雪天气，车主将车辆停靠在主要街道两旁，一旦导致交通拥堵，就会面临数百欧元的高额罚款，连拖车费用也得承担。我吐吐舌头，赶紧另寻车位。

除了及时清理积雪外，安全驾驶也是重中之重。在德国拿驾照，冬季驾车是很重要的一个项目，训练非常严格，包括实地冰上驾驶训练、冰雪天刹车距离计算、识别道路冬天限速标志等内容。

作为自驾游客，我们当然无须考取德国驾照，但遇上冬季自驾，租车公司为我们提供车辆时，也会叮嘱一番。先要跟我们明确已经换上了雪地轮胎，与普通轮胎相比，其纹路和厚度都有所不同，适合在雪地乃至冰冻路面上行驶。

我查了一下德国相关法例，2010 年 11 月 27 日，德国联邦参议院批准了一项新的交通条例：冬季路面冰冻时，汽车驾驶人有义务更换使用雪地轮胎。如果因为未装雪地轮胎而导致无法行驶，并引发交通拥堵，将被处以 80 欧元罚款。一般来说，雪地轮胎的更换周期遵循“OO”法则，即在 10 月（Oktober）和复活节（Ostern）之间的时间段使用。

未安装雪地轮胎，除了会被处以交通罚款外，保险理赔也会有困难。大多数德国车险都有一个条款，即汽车当前使用轮胎应符合天气及道路状况。不安装雪地轮胎被视为投保人的严重过失，假如一个事故可以通过安装雪地轮胎来避免的话，保险公司就有理由减少赔偿。但假如装了雪地轮胎还是不可避免，那保险公司就不能拒赔。

此外，车上还有急救包、手电筒等工具。如果我们事先提出申请，那么租车公司还会提供一些急救药品。租车公司职员还提醒我们，必须准备好衣服、毛毯，还有一些食物与水。不过，职员最后也会开个玩笑，大概意思是“其实根本不需要跟你们游客说这些了，你们把行李箱放在车上，那当然会有衣服和应急的小毛毯之类，至于吃喝，你们更不会停嘴啦！”

当然，德国人的装备也不是万能的，如果是极端的暴风雪天气，德国也会出现公路拥堵现象。比如 2014 年 12 月底，因为寒流导致连场大雪，部分道路简直像滑冰场，斯图加特附近的高速公路就出现了 20 公里的车龙。但只要不是这种极端天气，雪天的德国仍然驾驶无忧。

德国式“各扫门前雪”

有一回，我在旅途中暂住德国小城科堡。早上闲着没事，便出门溜达。酒店在山脚下，沿坡而上，便可抵达山顶上的城堡，这座城堡是德国第二大堡，虽然游客不多，但名气极大。山坡两侧及横向延伸的巷弄都是民宅，一栋栋小别墅加上小院子，安静悠然。

走在这样的斜坡上，自然十分惬意。即使天气寒冷，路上的积雪也能为这景致添色不少。不过让我诧异的是，有不少人在扫雪，有老头老太，有大叔阿姨，还有少年与孩子。他们当然不是清洁工，有些人从家里推门出来，有些人扫完了拿着工具便回家。装备也很齐全，不但有雪铲，甚至还有小型扫雪车。他们不仅扫自家院子，也会在人行道上铲出一条通道，我所走的路，便是由他们合力除雪完成。

原来，这就是德国的“各扫门前雪”。

德国冬季多风雪天气，大部分州和城市都有除雪相关的法律规定。在11月15日到3月15日的“冬季时间”里，市区居民需要准备雪铲、扫雪车以及沙土、锯屑、碎石子等材料，房主或租住房屋的人有义务清扫房屋附近的人行道，否则将受到相应处罚。

对于人行道清扫的时间和方式，法律还有更为详细的规定。比如在上下班高峰期开始之前，必须要将自家房门前的积雪和冰打扫干净并撒上沙子。在周日或节假日，可延后2个小时清扫。扫出的人行道一般要有1.2米宽，以便足够让两个迎面而行的人通过，当然，各个城市具体规定不同，如波恩就规定为1.5米宽，杜塞尔多夫则仅需1米宽。

法律甚至还规定，居民在清扫时只能使用扫雪工具，禁止使用融雪剂，以免对道路旁的青草和树木造成伤害。如果路面出现冰冻，还需撒上沙土或锯屑等。使用更多的则是质地粗粝的化雪盐，这东西不需要民众自己购买，当地市政部门会提供。我就在科堡的这片居民区里，见到一些放置在路边的黄色箱子，里面装的便是化雪盐。人们可以自行取用，下雪时洒在自家门口和路边，可防止结冰。市政部门有专人负责这些箱子，随时放置新盐，整个冬天都不会空箱。

其实在科堡所见也揭开了我内心的一个谜团：原来这种黄色箱子是装化雪盐的！要知道，我第一次见到并打开这黄色箱子时，还以为它是垃圾桶呢，正打算把手里的垃圾扔进去，才发现里面有袋子，装满了白色颗粒。虽不知是干什么用的，但总还是知道绝非垃圾桶，才没闹笑话。

如果自家门前的道路在规定的时间内没有及时清扫，就将面临少则几十欧元、多则高达1万欧元的罚款。如果房主没有扫雪而致使他人在自家门口摔倒，要负法律责任并承担受害者的医疗费用。

一般来说，扫雪的义务归房屋拥有者。如果是独栋别墅，那就得负责其门前和周围的人行道清扫。如果是多家共住的房子，邻里之间就要约定，如按次、按天，或者按星期轮流。如果雪非常大又下个不停，就得几家人共同出力。

如果是租房，房东可以把这个义务委托给房客，但必须要在租房合同中写明。房客也可以预缴扫雪费用，房东会请冬季服务公司扫雪。房东也可以通过减少房租的方式让某一家住户来扫雪，这在有很多家庭共住的公寓房里比较普遍。

既然是“各扫门前雪”，当然不会出现什么“某某起大早扫清街上雪”的好人好事。扫雪者扫到自家与邻居院墙时，便不再扫下去，邻居同样如此。老实说，我一向不相信被刻意宣传的好人好事，“某某起大早扫清街上雪”这种事情如果被刻意宣传，只能说明社会上大多数人都在等着占好人的便宜，反而说明社会风气极差。相比之下，我更相信契约精神，就像德国这样，各扫门前雪，但就这样扫出一条干干净净的无障碍之路。

薪火相传:“储蓄时间”义工项目

德国的法定退休年龄为 65 岁，实际退休年龄为 62 岁，其实正好是精力充沛的时候。所以,德国人所说的养老,并非从退休开始。在欧洲发达国家里，德国物价相对最低，生活成本不高，加上养老金相对丰厚，因此老年人刚刚退休的日子反而是人生中最滋润放松的。在这段时间里，他们没有工作压力，不需要照顾子女，更不用照顾孙辈，手里又有钱，可以尽情享受、到处度假。

一般来说，到了75岁左右，德国人才开始真正考虑养老问题。也正因此，我在养老院里见到的老人，其实都在70岁以上。

而且，选择到养老院养老的德国人其实并不算多。有数据显示，这部分人仅占德国75岁以上人口的33%。大多数人仍然选择居家养老，依托周边的养老机构，选择各种上门护理服务。因为不跟子女生活在一起，德国老人也是“独居老人”，但家庭关系其实并不淡漠。

当然，上门护理的费用相当高，如果是最高标准的全天候、非自理护理服务，每月可能高达1万欧元，请得起的老人并不多。大家的选择还是其他级别的护理，普遍在两三千欧元，依靠德国政府发放的养老补贴以及保险、积蓄等。另外，大多数居家养老者会在家中安装紧急呼叫设备，直通救护中心或医院。

也正因此，社区养老应运而生。它不同于老人自行在家养老，也不同于养老院养老，而是介乎二者之间。

它的模式非常简单：老人无须离开自己熟悉的社区生活，可以保留自己的生活习惯、人际圈子，但仍然要搬离自己原先的住所，进入社区内的居家服务公寓。这种公寓采用无障碍化设计，还有许多老人专用的硬件设施。每天都会有护理人员上门进行护理，护理当然要收费，但也有免费的，比如年轻时可以参加“储蓄时间”义工项目，老了就可免费享受义工服务。

在德国的养老体系里，义工的角色十分吃重。如果没有义工，单靠在职人员，养老体系其实根本无法运作。年轻时做义工，年老享受义工服务，如此代代相传，也是德国一大特色。

养小不养老，老了有贴补

人在旅途，难免碰上些窘事，而我遇上的最窘之事，发生在德西某个不知名的小城镇。

那天，我打算从斯图加特前往弗莱堡，因沿途景致美妙，所以开开停停，不知不觉就到了中午 12 点半。儿子在后排说肚子已经咕咕叫，我看看时间，去目的地再吃饭就会很晚，不如就地解决。于是驾车转入所经的小城镇。没走多远，便在路边见到一栋楼，相当漂亮，一楼更是窗户明亮，采光极佳，里面显然是咖啡厅，装修典雅，许多人坐在里面吃吃喝喝。最重要的是，它竟然有停车场，而且入口有免费字样，这可是大好事，于是我立马停车，兴冲冲走进去。

结果，窘事发生了：所有人都望向我们，神情诧异。我心想德国人民不至于这样少见多怪啊，见到三张亚洲面孔就如此吃惊，但是且慢，为什么这间咖啡厅里全是老人家？

退后两步，在门口好好看看，简直无地自容，原来这里是一间养老院，咖啡厅也是养老院里的设施。我只能感慨：你修得这么漂亮，就是用来骗我的吗？

不过，这间漂亮的养老院也引发了我的兴趣。要知道，德国的老龄化程度位列欧洲第一，在 8000 多万人口中，65 岁以上的老人高达 20% 以上，估计到 2050 年，德国一半以上人口将超过 50 岁，1/3 以上人口超过 60 岁，养老压力极大。而且，德国与中国不同，有“养小不养老”的传统，对孩子的抚养有法律和道义约束，但在赡养老人方面却没有相关约束。老人退休后就得靠自己，或在家养老，或在养老院养老。

数据显示，目前德国共有 1.24 万家养老机构，包括养老院、老年公寓、临终关怀医院等。其中 10% 为公立养老院，36％为私人养老院，54％为慈善组织所办。

一般来说,养老院都建在环境幽静的小城镇中,临近大城市的也建于市郊,以确保清新空气和美丽景致。至于设施，据说我见到的这家仅仅是中等水平，但已远胜国内医院的特护豪华病房,房间里的设施都非常人性化,亲眼看见后,你必然会为德国人的细心而惊叹。

比如，房门比一般家庭和酒店的门更宽，方便轮椅和床的出入。洗手间的空间比我们平时所见的欧洲洗手间要大一些，这是为了方便坐轮椅的老人出入和转身。洗手池下肯定没有储物柜，而是选择中空，因为要方便坐轮椅的老人洗手。不设置不方便老人进出的浴缸，只有淋浴，淋浴间和马桶边都有扶手。

房间设施齐全，但床边空间挺大，这是为了方便床的随时移动。每张床都可以自由调节，既可以横向也可以纵向，最多可以让护理人员三面进行护理操作。平时的话，床当然是靠墙摆放，会让老人有安全感。窗户普遍是落地窗，即使老人坐在轮椅上或是躺在床上，也可以看到外面。走廊的过道全部铺了地毯，也是为了减轻老人一旦摔倒的伤害。

从房间里的设施，可以看出这是明显的“老人房”，处处提供便利和人性化设施，但在户外，我们看到的设施跟城市环境毫无区别，比如健身设施跟城市公园里的基本一样，花园也像公园，至于咖啡厅和餐厅就不用说了，要不我们最初也不会误以为这是对外开放的餐厅，直接闯进去。这种做法，是为了让老人有更加乐观开放的心态，不觉得自己是老人，依然与社会接轨。

可见无论是设施还是心理层面，德国的老人院都有一套标准。

养老院会为老人们提供三餐，并按照缴费等级进行不同护理。娱乐设施基本齐备，健身房和图书馆都是标配。

有意思的是，在德国养老院里，如果老人行动不便，护士不被允许与其有身体接触，换言之，不能直接用手扶或抬。这个“传说”我听闻已久，但眼下才有机会目睹，虽然仅仅是目睹相关设备，比如专用的吊篮，可以将老人从轮椅吊到床上，可以吊入浴缸。之所以如此“麻烦”，是为了避免老人摔伤。

德国的养老院大部分交给市场。前些年，德国还通过新法律，明确规定各类型养老机构都要实行公司化登记，一律公司化运营。这种彻底的市场化操作，不但使得市场在竞争状态下更为规范透明，也催生了许多高端养老机构。资料显示，有一家凯维埃养老院，是一家全德连锁的养老机构，目前有20多个分院。其设施可以与五星级酒店相比：高级地毯、名贵壁画、专门为老人设计的按摩沙发椅，还有笑容可掬的服务人员。除三餐外，还有下午茶等。老人们每天可以去洗桑拿浴，接受按摩，或者慢慢享受一杯免费葡萄酒。养老院还提供丰富多彩的活动：从名医坐堂咨询，到名厨现场献艺，从专业人士的各类讲座，到古典音乐家的现场演奏。如果老人腿脚还灵便，甚至还有赴土耳其、西班牙等地的旅游团可以报名参加。

当然啦，条件好价格自然高，传说中每月要四五千欧元以上的养老院就是这一品牌。能够住进来的老人，当然需要雄厚财力。

我问工作人员，如果有些老人确实无法承担养老院的费用，那怎么办。她们告诉我，教会等慈善机构所办的养老院会便宜一些，但也需要2000多欧元。其实即使收得多，养老院想维持运作也并非易事，毕竟成本摆在那里。

其实德国政府已经做到了最好，无论是哪种养老机构，政府均提供相应的补助，而且补助按床位一次性发放，数字堪称令人咂舌的天价：每个床位16000欧元。

在德国养老，说容易也容易，说不容易也不容易。容易是因为人均收入高，社会体系相对完善，基本保障可以确保。还有很多针对老人的援助计划，比如医疗照顾计划，帮助支付保险外的所有医疗保健费用。此外还有住房基金、民间援助、针对老年人的监护法规等。难度则在于德国人普遍没有多少积蓄，但如果你想得到高标准服务，还是得花不少钱。另外，各种援助计划并没有覆盖所有老人。比如老人们最喜欢的保姆到家服务，费用其实相当昂贵。如果是全天候护理服务，每月花费高达1万欧元。

当然，德国也意识到了这一点，所以德国人现在每月需在疾病保险的基础上，缴纳几十欧元的护理保险，除了基本花费之外，还有其他选项，如果达到一定条件，那么也有一些老人可以只承担一半费用，另一半由护理保险公司承担。万一生病，护理人员可以上门服务。

养老院毗邻幼儿园，老人更开心，小孩更懂事

在德国西部的一个不知名小城镇，我再次遇到一座养老院，不过这次先吸引我的，却是一座幼儿园。

小镇不大，我们下车只是为了买点饮料，偏偏小镇当天不知道搞什么活动，路边车位和教堂广场等全部立了暂时禁停的牌子，兜到一个居民区，才有一个停车场。停好车后，发现旁边刚好是个幼儿园，与停车场以铁栅栏相隔，

刚好可以见到小操场。

孩子们正在院子里嬉戏，我们作为游客，自然免不了驻足流连一番，看看当地幼儿园的设施。正在看着呢，突然看到幼儿园院子旁边的一道玻璃墙的玻璃门打开，有几个老人家在护工的引导下颤颤巍巍走过来。

我这才发现，幼儿园与旁边的建筑彼此相连，只有这道玻璃墙相隔，通过玻璃门便可互通。再去看看这个隔壁院落，居然是座养老院。

走出停车场，绕到这座幼儿园和养老院的前面，才发现二者虽然各自挂牌，但却是同一品牌。查了一下才知道，原来这是一个连锁机构，其特色就是幼儿园和养老院建在一起。

将幼儿园和养老院建在一起，当然是希望老人更开心，孩子更懂事。所以，玻璃墙的门经常打开，老人和孩子们一起做游戏，一起组织各种活动。

有人说了，既然如此，那为何不像我们中国这样几代同堂，享受天伦之乐呢？

老外可不是这样。在德国，父母有责任抚养子女，并且受到法律约束，但子女并不优先承担赡养老人的义务。之所以有这种与中国传统思维截然不同的观念，是因为在德国人看来，父母把孩子生下来，这是他们的主动选择，因此必须为自己的行为负责任，而子女生下来是被动的，不是他们的自我选择，所以不必优先承担父母的养老责任，这就是德国“养小不养老”的传统。

何况，靠子女养老是典型的推卸政府责任。毕竟，政府收入比起个人来说相对稳定。养老靠养老金和保险，孩子靠不上，而且养孩子花费大，这么一权衡，难怪德国的人口出生率这么低。

特别补贴政策，让换车变得容易

我一向认为，在欧洲自驾旅行，以德国为起点最佳，因为在德国租车最为靠谱，车况极佳。相比某些人爱租豪车，我更喜欢租德国人最常开的普通家用旅行车，比如高尔夫旅行版。倒不完全是价格因素，毕竟相差很小，而是因为我一向推崇欧洲人的用车理念。

一般来说，租车选择的是车型组，即同一级别的车型，具体给什么车，要看租车公司的具体情况。这事儿我倒也从不计较，毕竟在欧洲拿车，不同品牌的质量没有明显差别，性能和配置都很有保障。当然，这种配置只体现在驾驶操控和安全方面，国内喜欢的那些华而不实的配置，比如天窗啊、座椅电动调节之类，老外的车上反而统统欠奉。即使是奔驰宝马，基本也不带天窗，座椅依然是手动调节。

有一年，我从法兰克福出发，租的是高尔夫车型组，拿到的是一辆日产PULSAR。配置比国内的宝马一系还强得多，开起来也很舒服。其实这款车就是日产骐达的新版，那时刚刚上市不久。开车经过公路交会处或者郊外商业中心，常常能见到这款车的广告。

这款车当时的价格是1.1万欧元，按照当时的汇率，还不到8万元人民币。当然，当时在国内买一辆日产骐达，低配版也可以下探到10万元左右，但发动机、变速箱、安全配置和操控性完全没法比。即使是15万以上的顶配骐达，也比不上这款日产PULSAR。

我也经常留意街上和商场里的汽车广告，微型车的价格往往是两三千欧元，折合人民币也就是两万元左右。微型车大小对应国内的奇瑞QQ之类，但懂车的人都知道，这个级别的欧洲车出了无数经典车型，比如菲亚特 500、大众 UP 和欧宝 Adam。曾在商场里看过不少展车，其中就有大众 UP，安全配置和电子设备之先进，你在一汽大众和上海大众的中级车上都找不全。

欧洲人迷恋小车，德国尽管经济冠绝欧盟，也依然务实。大街上最多的仍是高尔夫这个级别的车型，旅行版最多。再大一点儿的则是帕萨特旅行版，豪华车里以奔驰 E 系旅行版最多。基本没见过三厢车，要不就是两厢车，要不就是旅行版。前两年有个数据，显示德国人购置新车的平均花费为 26000 欧，折合人民币也就 20 万元。现在一般中国家庭的主流购车区间其实也是 15 万元上下，经济发达的珠三角、长三角，家庭第二辆车基本也会达到 20 万元。但如果你考虑到德国人和中国人的平均收入差距，就会明白德国人有多务实了。

一般来说，普通家用车的价格，德国比中国要低 3 成左右。至于豪华车，甚至会低 5 成左右。比如宝马 X5，5 万欧元即可拿下，折合人民币不过 40 万元。这当然跟税有关，我们真心羡慕不来。

一辆豪华车四五万欧元，普通家用车 1 万多欧元，在德国基本算是行价。二手车的价格更低，在二手市场上逛了一圈，发现几千欧元就能买辆奔驰 E 系。

有意思的是，务实的德国人，换车反倒是欧洲发达国家里最勤快的。这显然跟我们认知里的务实有点不符，但这当然是有原因的，原因就是德国独特的补贴政策。德国人买车，会有补贴和减税优惠，这就大大降低了实付金额。一辆车开久了，就要面临零配件更换、保险费用上升、旧车置换价格走低等问题，在有大量补贴和减税优惠的情况下，5 年左右就换车反倒最划算。卖旧车的钱，加上补贴和减税，再掏一小笔钱，甚至有时不用掏钱就能换辆新车，何乐而不为？

在德国买车很容易，不过低调务实的德国人，买车仍以家用车为主。德国街头还能见到不少老车。

当然，以欧洲市面上流通车子的质量，五年的二手车也很不错，德国人当然不会让它们随意报废。这些车子会大量流入其他国家，比如经济相对差一些的西班牙、意大利，还有东边的罗马尼亚、保加利亚等国家。

与食品价格低相关的是税收及补贴

德国的食物价格很低，许多德国食品在超市的售价，其实低于成本价，尤其是基本需求食品，比如面包，这是因为德国政府有相当高的食品补贴。德国政府在税收的使用上，很大一部分给了食品。一方面是农业补贴，农民获取了巨大补助；另一方面则是针对终端的基本需求，比如面包，价格一定要低廉到所有人都可以买得起。

许多人认为德国税高，都是拿增值税来说话，但却忽视了一点：德国在消费品领域，仅收销售环节的增值税，即一次收完。相比之下，某些国家是生产环节征税、流通环节征税，到了销售环节再征税，每次征收都比德国低，但加起来可比德国高多了。

在旅途中，若偶尔出现特别赶时间的情况，我会考虑在超市买点吃的，在车上搞定。在欧元区里，德国绝对是我见过的食物最便宜的国家。走进德国超市，自由组合一餐，做到营养搭配得当，花钱还少，其实一点儿也不难。

德国的牛奶远比我们国内便宜，那些大品牌的牛奶，一升装多半在 0.3 欧元左右，有些特价奶居然是 0.15 欧元，最贵的也不过 0.5 欧元，折合人民币是 1 元到 4 元之间。在国内超市，别说买进口牌子了，就算国产牛奶，你能找到这么便宜的不？有数据表明，德国牛奶比中国牛奶便宜 60% 左右，这跟欧盟的农业补贴政策关系很大，而且德国牛奶需求量较大，供应充足，也造成了奶价偏低的情况。

在德国超市里，酸奶的种类之多总让我眼花缭乱，各种品牌各种口味，价钱也都很便宜。一般来说，0.5 欧元左右已经可以买到一大杯酸奶，折合人民币不过 4 元左右，跟国内差不多，但口味和质量更胜一筹。

买果汁也是好选择，其实可乐雪碧也很便宜，但果汁更健康一点儿。百分百纯果汁，1.5 升装的价格在 1 欧元到 3 欧元之间，非常划算。

在德国乃至欧洲，果汁、牛奶和碳酸饮料，往往都比矿泉水便宜。当然，也有便宜的矿泉水，那就是超市自有品牌。自有品牌矿泉水的价格，比起大品牌矿泉水真是相差甚远，后者的 1.5 升装往往在 2 欧元左右，最低也要 1.2 欧元上下，但自有品牌基本在 0.5 欧元以下，甚至 0.2 欧元左右。不过你要留意水是否带气，一般来说，不带气的也就是我们平时在国内喝惯的普通矿泉水，价钱会比带气的更贵一些。在国内被视为贵族水的法国“依云”，在德国乃至欧洲都很便宜，1 升装折合人民币不到 5 元，不到国内价格的 1/4。

至于面包，如果你要求简单，又能忍受枯燥口味，那么德国人最常吃的黑麦面包，也许会是好选择。毕竟一包 10 片的面包，基本都在 0.5 欧元以内，少数在 1 欧元以上。如果你喜欢吃点花样，各种花式面包也可选择，不过基本都是甜的，少有咸的，一个也多在 1 欧元以内。

至于熟食，选择就多了，可以买香肠、熏肉、鸡腿……你要是喜欢，直接买个大肘子拿回去啃也可以。算下来价钱都不贵，一个大肘子多半是 3—5 欧元，折合人民币也就是 20 多元到 40 元之间，且分量十分惊人，喂饱两个人不成问题。

青菜往往比肉类还贵一点儿，比如每公斤 3 欧元以上的土豆和青椒，我也见过，折合人民币已经 20 多元。不过经常也会见到相对便宜的蔬菜，估计是特价的缘故。

买水果的话，超市并非好选择，一般来说肯定比集市贵，甚至贵上一倍。不过，算下来其实跟国内区别不大，尤其是苹果、梨和橙子之类的常见水果。如果偶遇在地化的水果，价钱也相当实惠。

买单时，常常可以见到当地人采购，一辆购物车里堆得满满当当，一次就买上一个星期的需求。但是一买单，二三十欧元是普遍现象。换言之，一个德国家庭，一个月只需要 100 欧元左右，折合人民币 800 元左右，就完全可以应付当月饮食。

在德国，超便宜的还有咖啡。

我们都知道，欧洲人喝咖啡，简直像我们喝水一样。早上起床来一杯，中午餐前来一杯，下午茶时来一杯，晚饭后还要来一杯。满大街的咖啡馆，总是坐满了人。我一向入乡随俗，所以在欧洲旅行时，饭后点杯咖啡也是常事。记得第一次去德国，点过一杯价格最低的咖啡，一端上来还傻了眼。这可都是不懂德语惹的祸，原来我点的是浓缩咖啡，白酒杯大小，完全可以“一口闷”。后来便熟悉了行情，再加上慢慢有了智能手机上的各种翻译 App，便没再闹这笑话。

在德国喝咖啡比在中国花费小一点儿，如果再对比中德两国的平均收入，那在德国喝咖啡还真是划算。

在相对上点档次的德国餐厅或者咖啡厅，咖啡的价格多半是 2.5 欧元到 4 欧元之间，折合成人民币也是 20 元到 30 多元。至于浓缩咖啡，1.5 欧元左右就可解决。如果是在慕尼黑、汉堡的城中心咖啡厅，价格会上升到 3 欧元到 6 欧元之间，因为这毕竟是德国最富裕、物价也最高的城市。如果以北上广深的咖啡厅来对比，慕尼黑和汉堡市中心的咖啡厅其实也不算贵。若是到了一些小城镇的小咖啡馆，也能见到一杯 1 欧元到 2 欧元之间的咖啡，还时常有惊喜。更何况，德国人月平均收入是税前 4000 多欧元，折合人民币 3 万多元，3 欧元左右一杯的咖啡算什么？

更重要的是，不管哪年去德国，咖啡的价格都差不多，几乎没有波动，对我来说，区别仅仅在于人民币与欧元汇率的变化。前两年欧元与人民币的汇率低至 1 ∶ 6.8，一算下来，德国咖啡明显比中国咖啡便宜多了。即使汇率达到 1 ∶ 8，德国咖啡也仍然不贵。

在德国很少会见到星巴克，不过也曾进过一两次。一进去就发现，跟许多国家一样，德国星巴克也比中国星巴克便宜。

拨打全国统一急诊医生电话，随时联系到值班医生

人在旅途，最不想去的地方就是医院。但出门在外，难免未雨绸缪，必须做好去医院的打算。作为一个一向谨慎的摩羯座，我更会做足准备功夫，对医院要有相对详细的了解，甚至专门踩点，以避免万一碰上这类事情无所适从。

德国作为世界上最发达的国家之一，医疗水平和医疗保障机制都属一流。医院的医疗设备和医务人员的专业性都无须质疑。

据统计，德国有超过 2000 家医院，包括公立医院、私立医院和非营利的慈善医院等。许多大学有附属教学医院，通常属于公立医院。

德国保险法规定德国公民和在德国长期居住的外国居民必须参加医疗保险。医疗保险的范围包括疾病 / 牙病的预防和治疗、老年和严重伤残人士的护理、生育和疾病补助等。绝大多数德国人必须参加德国法定医疗保险，少数人可选择私人医疗保险。德国医疗保险提供全面的医疗保障，无论收入高低，每个人都可以获得保障。

除了部分私立医院外，绝大多数德国医院都与法定医疗保险机构有协议，为持有法定医疗保险的病人服务。无论参加哪家法定医疗保险公司的保险，都可以去这些医院就诊，并由保险机构支付医疗费用。

有些医院不属于法定医疗保险的协议医院，为持有私人医疗保险或者私人自费病人服务。如果法定医疗保险的病人去这种私人医院，那么法定医疗保险公司就不能报销医疗费用。

德国医院主要提供专科住院服务。医院内的专科医生通常治疗被接收住

院的病人。病人需经过门诊医生的转诊安排住院治疗。有些医院设有专科门诊，通常诊断和治疗一些比较严重的，或者罕见的专科疑难杂症。多数医院开设有 24 小时的急诊中心，在紧急情况下，以及晚间、周末或节假日期间，病人可以直接去医院急诊中心。病情严重的病人可通过医院急诊收治住院。

记得有一回，在酒店办理入住手续时，热心的前台人员递给我们一张报纸，指着一个栏目跟我们叽里呱啦说了一堆。搞了半天才明白，她看我们带了孩子，就顺便告诉我们万一需要看医生，可以在报纸上找电话。

在报纸上找电话？没错。德国实行全国统一的急诊医生电话 116117。在晚间、周末和节假日期间发生腹痛、发热等普通急诊，如果不能等到门诊医生诊所营业时间，可以拨打这个电话接通值班医生。而值班医生的电话，当地报纸的紧急医疗服务栏目上就会有，每天都会提供当天值班的急诊医生名单。此外，紧急药房服务栏目也会提供值班药房的名单。

作为旅行者必须要注意的是，德国的医疗费用很高，如果突发重病或意外受伤，没有医疗保险的情况下，看病费用相当可观。所以，出发前一定要买好提供全面医疗保障的保险。

公交车用泄压方式，方便残障人通行

那天，在马尔堡驾车，正巧见到一个残疾人推着轮椅过马路，赶紧停车相让。

之前见过一个新闻，中国某城市的人行等候区，为安全摆了几个固定石墩，此举原本无可非议，但石墩相隔太近，行人可过，轮椅却过不了，可见城建设计者根本没把残疾人放在心上。至于盲道蜿蜒曲折，甚至有石墩或者栏杆阻挡之类的事情，在中国城市里也可以见到。

马尔堡的红绿灯和人行道等待区比柏油马路略高，但坡度平缓，轮椅穿行十分轻松。这位 40 多岁的中年男子在操控轮椅通过时，还不忘转头向我挥手致意，一脸灿烂笑容，与中国残疾人迥异。他的电动轮椅速度也很快，是德国政府统一研发制成，爬坡都不成问题。

穿行于马尔堡，你会见到不少残疾人出行。即使是那种狭窄的无人小街，也有盲人依靠着导盲犬和拐杖前行。后来才知道，马尔堡有德国最大的残疾人康复中心，所以残疾人的便利设施也是德国最佳。

不过放眼整个德国,残疾人出行都非常便利。据德国联邦统计局数据显示，德国有 1000 万残疾人，其中 750 万为严重残疾。而依照全国人口普查和各种数据推断，2017 年，中国残疾人总数接近 1 亿。可相比之下，你在德国街头见到残疾人的概率远高于中国。

仅说说我见过的几个残疾人便利设施吧——

德国公交车上都有专门的轮椅和童车区域，甚至连下车通知按钮都迁就了轮椅的高度。与中国的公交车不一样，德国公交车内没有台阶，就是为了方便残疾人和童车。有人可能会质疑，公交车有着相对较高的底盘，它怎么跟停靠的道路持平呢？德国人也有办法，一旦车辆靠站，就会通过泄压方式降低车身高度，直至与站台持平，就可以方便残疾人上下车了。

德国的火车站、地铁站都有电梯。有些人会说，这有什么奇怪，中国大城市基本也有相同配置啊。没错，但中国的全部电梯内，都有迁就轮椅高度的按钮吗？更重要的是，即使按钮迁就了轮椅高度，又都配了盲文吗？德国就全部配了盲文。

残疾人停车位和卫生间就不用说了，早已是完善的配置。这些设施，中国的许多城市当然也有。可是德国人做得更细致，在残疾人卫生间里，不但有各种规格和高度的把手，甚至连水龙头、洗手液和冲水按钮上都刻有盲文。

在欧盟内部，德国是最早通过药盒包装加印盲文法规的国家。根据规定，除仅供医务人员使用的药品外，所有上市的药品必须在包装上使用盲文，标注药品名称、剂型、规格和适用人群。药盒里虽然没有盲文说明书，但德国卫生部门设有专门的“盲人药品服务”网站。该网站向盲人和视觉障碍人群提供音频、大号字体或盲文说明书。若上网不方便，可请药店的药剂师帮助播放音频版药品说明书。

残疾人在德国，可以像正常人一样出行。比起依靠他人帮助出行，残疾人显然会更喜欢前者，因为这让他们充满自信，这也恰恰是中国残疾人缺失的生活和感受。

对残疾人来说，就业是个难题。受限于身体，他们能做的工作本就有限，也同样受限于身体，他们受教育的机会也常被限制。如果一个社会没有给予残疾人足够充裕的空间，他们很可能只能闷在家里。

这显然不是好事，在文明国家的价值观里，歧视残疾人当然大错特错，而单纯把残疾人养起来也形同禁锢，因为这很容易让残疾人觉得自己是个无用之人。鼓励残疾人就业，给他们充分的培训和就业机会，让他们成为社会运转的一分子，才是文明社会最应该做到的。

德国就是这样，你在许多场合都可以见到工作中的残疾人。我见过超市的残疾人收银员，下班时坐着轮椅离开，一脸笑容地向停车场的每个路人致意，也包括我们。

不过德国残疾人从事这类服务性工作的比例不算高，因为他们往往会从事技术含量相对较高的工作，如电脑技术、机械制造、印刷和缝纫等。这一点让我很感慨，在中国，残疾人即使工作，也往往只承担相对简单、初级的工作，但德国人显然不会这样想。

资料显示，德国的残疾人职业培训制度相当完善，专业繁多，不同残障人士有着不同的适用专业。而且，在职业培训之前还有准备期，残疾人可以先尝试不同专业（每个专业的体验期为两个月），最后确定目标，才开始正式的职业教育。

经过3—5年学习后，德国政府会专门为残疾人毕业生介绍工作。按德国法律规定，只要是合适的行业，凡用工数超过20人，都应提供至少5%的岗位给残疾人。政府还会为残疾人购买特殊办公设备，进行必要的医疗整形、康复治疗等，以便于残疾人适应工作。如果残疾人失业，还会获得各种保险金。

有数据显示，一个残疾人的职业培训投入是普通人职业培训投入的2—3倍，平均达到5万欧元，这个数字相当惊人。但他们毕业后能够凭借所学自食其力，又为国家省下大量开支。

没有流浪狗的国家

德国是一个没有流浪狗的国家——请注意，是“没有流浪狗”，不是“号称没有流浪狗”。德国人并未以此自我标榜，但他们神奇般地做到了。

流浪狗问题是一个世界性难题，别说流浪狗多到吓人、据说达几千万只的中国了，即使是德国近邻法国，偶尔也能见到流浪狗在街上走过。

德国为什么没有流浪狗？这是一个严密的系统问题。

首先，德国人颇具爱心，如果一只狗狗在街上独自游荡，德国人就会关心它的主人在哪里。如果找不到主人，就会报警或者通知动保协会。如果最终仍无法找到主人，狗狗就会被送到收容所。

其次，德国的宠物店并不售卖宠物，仅仅提供各种服务。这是因为德国人将狗狗视为生活伙伴，并不接受将之放在店里当成商品展示。如果要购买宠物，必须向专业繁殖场购买。繁殖场的规定又很严格，比如小型母犬一生的生育次数不得超过两胎，狼犬最高生育年龄为 8 岁，比利时狼犬每年在德国繁殖总数不得超过 70 只等。这就造成繁殖场“产量有限”，因此价格极高。价格一高，连收入高的德国人也吃不消，只能另寻途径。这个途径就是收容所，收养狗狗的花费远低于在繁殖场直接购买，一般为 200—350 欧元不等，所以德国宠物收养所的狗狗认养率达到了惊人的 90% 以上。而且，80% 的狗狗在 6 周之内就可找到新家。

另外，大多数德国人都具有替狗做绝育手术的观念，即使是高价购来的狗，通常也会将之结扎，收容所的犬只则一律进行绝育手术。

再就是法律的约束。在中国弃养犬只完全是零成本，所以许多狗主人可以不负责任，但在德国，弃养宠物的罚金非常之高。如果弃养犬只（包括搬家却将狗狗留在原地者），罚款最高可达 20 万元人民币。此外，德国法律赋予警察监督、纠察和取缔虐待动物行为的权力，虐待犬只甚至会被入刑，最高会坐牢两年。

有人说了，我偷偷把狗狗丢弃，难道还会被抓到罚款吗？当然会。因为你在德国养狗，必须为犬只注射电子芯片，里面登记有你的个人信息。一旦狗狗被弃，有关部门就能根据电子芯片找到你。

顺便说说德国的动物收容所，我在埃尔福特市郊见过一间收容所，简直被惊呆。这哪里是收容所，简直是疗养院嘛。动物有自己的房舍，有专门的饮食安排表，有专门的运动场，有冷暖空调，有专业医生……

我问了一下，这样的动物收容所不算豪华，只算标配。在欧洲，德国动物收容机构绝对是行业典范。它们都是公益性质，有定额的政府资助，此外还有会员的捐款。宠物主人如果有不可抗力因素，如死亡、重病、失业和破产等，都可以通过缴纳手续费，将宠物送到收容所。

最有意思的是，动物收容所的人对法国、捷克和波兰等邻国充满鄙视，因为他们说，德国的动物收容所里，有相当比例的动物是跨境收养，是来自周边国家的遗弃宠物。

养狗户：主人需要资格审查，狗狗还要“毕业证”

在德国养狗，狗主人先得经过政府部门的资格审查。

这个资格审查在中国人看来真是太复杂了，你得申报自己的养狗动机，还得告知有没有相关经验。更重要的是，你还得申报自己的房子大小、有没有花园，因为家居空间是否充裕直接关乎狗狗的生活是否幸福。你的收入状况也是必答选项，因为养狗需要钱，让狗狗生活得安逸需要更多的钱，你自己的肚子都没喂饱，德国政府是不会允许你养狗的。这些资料可不能虚报，因为你还得接受登门审查。

如果资格都符合，你还得签署相关的动物保护协会追踪及审查的法律文件。换言之，你得随时接受动保协会的检查。为狗狗买保险也是必需的，定期体检同样是一笔固定费用。

有人说了，这么麻烦，我偷偷养还不行吗？那就糟糕了，因为养狗需要纳税，养几只就交几只的税。所以如果你偷偷养，涉及的就是逃税问题，那是要罚款加坐牢的。

网络上一说起养狗文明问题，最让人诟病的也许就是“遛狗不拴狗绳”了。欧洲人爱养狗，但在系狗绳这件事情上特别自觉，哪怕是极小的犬只，狗主人也不会说出那句某些狗主最爱挂在嘴边的“我家狗不咬人”，而是也会将之拴好。

在德国，我从未在街上见过不系狗绳的狗。最有意思的是，德国人爱运动，公园里常有跑步者，路上常有骑行者。在国内，如果带着狗跑步、骑自行车，肯定就像背了个“免狗绳金牌”一样，让自家狗狗“自由奔跑”。但德国人就不会这样，自己在跑步，狗狗也跟着跑，但狗绳还是系着，自己在骑自行车，狗绳的另一端也系在车前或车后。

那么，有没有不系狗绳的场合呢？当然有，毕竟狗狗也需要充分的活动。比如公园的大草地上，就可以见到没拴狗绳的狗狗，狗主人会与它玩叼飞盘的游戏。但可以确定的是，狗主人肯定会选择一个角落，不会让狗狗滋扰别人。如果走出城市，德国狗狗的日子似乎更滋润。毕竟德国乡村的居住条件极佳，几乎家家都有大院子，别说遛狗，跑马都行，狗狗在自己家里就能玩得很欢啦。

有秩序的德国人的宠物店很有意思。德国宠物店内部布置跟国内差不多，也是大量采用网格架，既摆放宠物玩具、食物、洗刷工具，也悬挂海报和牵引绳等。有意思的是，门口总摆放着水盆，里面有清澈干净的水。本以为这

狗绳是标配，很少有“脱绳之犬”。

是店内自用，谁知见到有人牵狗经过，便让狗狗停下喝了几口。后来在其他城市留心观察，发现每间宠物店门口都放置着这样的水盆，专供过路的猫猫狗狗喝水之用。

除了宠物店门口，德国人还贴心地给狗狗准备了许多喝水的地方，比如公园。我第一次发现这事儿，是在什未林的临湖公园里。走着走着就见到了两个圆形的石头水槽，二者中间有个带水龙头的石墩，水龙头分别对着两个水槽。起初以为是让人洗手用的，后来才发现两个狗主人牵着狗狗过来，让狗狗喝水。

狗在路上走，随时可以喝水。

最贴心的是，这两个水槽一高一低，相应的水龙头也一高一低，狗狗可以根据自身体型大小，享受更适合的水槽，小个子不怕够不着，大个子不用过度低头。这狗狗的日子，过得可真是惬意。

当然，也别以为德国狗狗就能养尊处优，做一只德国狗狗也不太容易。它们必须要上学，经过培训课程，懂得服从主人，懂得该如何吃喝拉撒，不吵闹喧哗，对外界噪声不过度敏感，还包括辨认红绿灯等日常标志等。这个课程要和主人一起参与，为期 3 个月。

只有拿到“毕业证”的狗狗，才有资格乘坐公交车，进入百货公司，入住酒店——当然，后二者必须遵守相关商家的规则，有些百货公司和超市谢绝宠物进入，会在门口作出标记，酒店和旅馆同样如此，在网上订房页面就能见到是否允许携宠物入住的提示。

PART 4

把细节当成生活，把生活过成细节

人作为经济生活的重要组成部分，其性格和行为深深影响着整个商业的面貌和发展脉络。从超市到跳蚤市场，从门店的装修到货物的摆放，从价格政策到选品原则，无一不体现着德国人的节俭、简约和务实。

商业暗号藏在鹅卵石路上

弗莱堡这座“自由之堡”，位置非常特别。它位于黑森林地区，德国西部边境，距离法国和瑞士都很近。这样的交会之地，最易发展商业。早在12世纪，这里已经形成了较有规模的城镇。到了15世纪，这里已成为铁和盐的交易中心。

此后的弗莱堡，曾被各种政治势力统治，也曾饱受各种摧残，不过商业传统仍得保留。弗莱堡的商业痕迹都留在了马路上。这话听起来很奇怪，但你真的到访弗莱堡就明白了。

在弗莱堡老城区的人行道上，随时可以见到各种鹅卵石，其中许多拼成了特别的图案。人们走在路上，也会变成低头族，不过他们看的可不是手机，而是鹅卵石拼成的图案。

如果地面上的图案是一张床，那旁边便是一间床上用品店。如果地上有个足球图案，旁边自然是体育用品店。地上有个大蛋糕，那旁边就是一间咖啡馆。如果是把铲子的图案呢？那旁边就是园艺用品店，对喜欢花花草草的德国人来说，这可是生活必需。如果是扭动的女巫头像，你可别以为旁边是奇幻世界里的魔法用品店，那其实是个舞蹈教室。至于那本翻开的书，当然属于当地最古老的书店，这家书店还曾被评为“欧洲最美十大书店”之一呢，不少游客会专门寻来。

有时，相邻的店家还会组合地面的图案，比如一边是个面包圈，另一边是朵金色的花，便是面包店和首饰店的组合。

在弗莱堡老城里，鹅卵石铺就的图案大概有200多个，多半与周边建筑有着直接关系。至于市政厅这类公共建筑,门前则是弗莱堡的友好城市的名字。

在岁月洗礼之下，每一颗鹅卵石都显得十分光滑，或许再过200年，它们还是这个样子。但周边的商铺却很难保持同步，有些行业渐渐没落，有些商店无人承继，像剪刀图案代表的裁缝店，如今就换作其他用途，只有鹅卵石记录着过往。

但大多数鹅卵石图案仍然可以与商店对应，在这漫长的岁月里，商家的坚持显然比鹅卵石的坚持更可贵，有些商店传承了几代人，而背后则是这座城市悠久的商业传统。

想想我们所在的城市吧,商铺的快速转手率,与其说体现的是时代的浮躁,倒不如说是商业的不成熟，而我们美其名曰的“快节奏”，是不是让我们失去了太多?

橱窗之美，德国之简

很多小清新旅行者来到欧洲，最喜欢的就是拍商店橱窗。欧洲人对橱窗布置似乎特别有心得，橱窗总是充满美感。

在这一点上，严谨的德国人也不例外，甚至有过之而无不及。毕竟德国的经济实力全欧第一，所以街道整齐、建筑维护得当，走到哪里都精致漂亮、色彩缤纷。德国这种建筑风格和缤纷色彩，与精美橱窗最为相得益彰，随便找一条小街，一间间拍下去总不会有错。

我们说起橱窗设计，总会想起时装店、精品店等，认为只有商品漂亮了，橱窗才会漂亮。可是德国的商店会颠覆你的这一认知。

有一次，我在埃尔福特见到一间文具店。按理说，文具相对单调，又普遍小而细碎，陈列起来颇有难度，可店家却把方头方脑的文件夹、笔直的尺子、中规中矩的笔摆得错落有致，可见其下了大功夫。

若说文具店是商品太多很难摆放，那么有些商店橱窗面对的困难就是商品太少。比如我在魏玛的一条街道上，连续见到两家店，橱窗都采取了极简模式。第一家是发廊，仅仅放了一瓶洗发水，以同色天鹅绒铺设。另一家是

务实的德国人也有其浪漫的一面，再难摆的商品，德国人都能将其摆出花来。

家具店，仅仅摆放了一幅沙发的照片。二者虽简单，但都极美，前者在天鹅绒下面放了不同高度的支架，营造出高低错落感，那瓶洗发水独立于其上，让我想起在欧洲自驾旅行时常常可以见到的场景：群山之间，一座尖顶教堂遗世而独立。至于后者，照片中沙发的极简设计跟橱窗的极简相得益彰，有着简约的设计感。

看来，橱窗设计真是门大学问。

周日是家庭日，商店我们不约

去过欧洲的人，对商店的营业时间肯定印象深刻，尤其是周日不开门，简直让许多购物狂抓狂，有人也因此产生了欧洲商业凋敝的印象。

其实，欧洲商业并不凋敝，德国更是活力四射，可是不管人口稠密且游客众多的大城市，还是悠然自得的小城镇，商店每逢周日都不开门。即便是周六，往往也只开半天左右，许多商店的周六营业时间到下午三点半甚至两点半为止。

至于周一到周五，虽说是正常营业，但每天的营业时间也远比国内短，正常是上午 10 点开门，有些甚至是 11 点，下午一般是 5 点或者 6 点关门，最长的也不过是晚上七八点。所以，晚餐后购物这个习惯，在欧洲基本行不通。还有我们特别熟悉的 24 小时便利店，在欧洲基本见不到。

周日不开门这个习惯，其实跟宗教信仰有关。在德国人看来，周末和假日都是家庭日，周日更是教堂日，所以，大家都应该回归家庭，不该出来逛街。

在德国见到想买的东西，出手要“快、准、狠”，万一下次来买碰上周日，可就糟糕了。

人力成本也是重要因素，在德国这种高福利国家，没有加班概念，雇主都得考虑高昂的人力成本，延长营业时间会得不偿失。

相比之下，商店营业时间超长的应属东亚地区，日本、中国台湾和香港的 24 小时服务随处可见，中国大陆（内地）近年来同样如此。至于周末，更是商家眼中的吸金时段。

如果说这是文化因素，倒不如说是人口因素。无论日本，还是台湾与香港地区，都是地少人多，居住密度极大。人们要找消遣，就得往街上涌，服务业因而发达。而在中国大陆（内地），服务业最兴旺的地方也是人口最为稠密的东部沿海地区和大城市。

相比之下，德国的人口密度也不小，甚至还远远高于中国。但必须注意的是，中国的人口密度分布十分不均匀，占地广阔的西藏、青海、新疆等地，绝对是地广人稀。人口稠密的东部沿海地区，人口密度是德国的两倍。如果要拿中国的各省份与德国作对比，那么人口密度与之相当的大致是湖北、湖南、河南和安徽这样的省份。但德国因为多为平原地区，适宜人类居住，除了三个人口规模达百万的大城市之外，十万人左右的小城才是主流，八千多万人口的分布十分均匀。也正因为单位地区人口不算稠密，服务业也无须有太大压力。

至于说服务业营业时间短意味着经济凋敝，那肯定是错误的。欧洲并非没有服务业营业时间长的国家，塞尔维亚就是一例。它的超市基本开到晚上九点甚至十点，许多小商店也能开到十点。即使是非直接的服务业，比如书店，营业时间也很长。在首都贝尔格莱德最繁华的米哈伊洛大公街上，有近十家书店，晚上九点多居然仍在营业。

想来想去，只有两个原因：一是塞尔维亚经历纷乱后，正迎来稳定发展期，必须刺激消费，二是塞尔维亚人力成本低廉。前一条，德国不需要，后一条，德国做不到。

穿着透出骨子里的简约

前几年，我晒过一张儿子的照片，他身上的小背心是我 3 岁时所穿，母亲一直留着，30 年后给了孙子。

照片一发出来，朋友们纷纷惊呼：“哇，当年就有这么漂亮的衣服了！”“妈妈真是有心，能把 80 年代初的衣服保存得这么好！”

将衣服保留 30 年，委实不易。这些年来，中国变化太快，多少人一次次搬家，扔掉无数旧家具旧衣服。不过如果在德国，这种代际间的物件传承，

德国人不喜欢将心思用在衣着上，穿衣风格以朴素、舒适为主。

实在太过寻常。至于衣服，更是代代相传。

我也曾偶然进过德国人家中（别笑，都是为了给年幼的孩子找个厕所），无论是城市公寓抑或乡间别墅，内部陈设都是老物件，看起来简单古朴，却别具魅力。那些斑驳的木制餐桌、包有蕾丝的藤椅、20 世纪七八十年代的老沙发，每样东西都有传承的意味，更别说那些精美的餐具了。

我在乡间见到的德国孩子，所穿衣服的款式并不过时，但看得出有岁月痕迹，借着儿子借用厕所的当口问了一下，果然是父亲当年穿过的，如今又给了儿子。主人家告诉我，这在德国十分普遍，孩子所穿衣服，起码有 1/3 来自父母童年时所留，还有 1/3 来自亲朋好友送来的旧衣服，剩下才是新买的。

旅途中总少不了拍照，肯定也少不了有路人入镜。隔三岔五翻看旧时所拍照片，就会发现德国人的穿着真是乏善可陈。

即使在着装简单的欧洲人里，德国人都是相对更朴实的那一类。在德国街头，你很少会见到穿着打扮特别夸张或者时髦的人，大多数人都是 T 恤牛仔裤，色调也极为简单。当下中国特别推崇的打扮和风格，你在德国基本见不到。比如所谓的“辣妈”，我在德国可就没见过，只有老老实实简单朴实的妈妈。

在德国乃至欧洲，除非你是买买买、淘大牌的购物村爱好者，不然的话，如果只是在德国的商场和街头服装店逛逛，你真的会有回到 20 世纪 90 年代中国的感觉。因为店里的衣服款式实在太简单了。哪怕是去购物村，如果不是大牌，而是一些德国本土牌子的衣服，摸上去倒是诚意十足，料子很棒，但款式真心让人不敢恭维。

有时候，在大城市中心区主要商业街，还能看到一些充斥着陈旧款式服装的廉价服装店。但即便如此，店里也少不了老老少少的德国人挑选和购买。

据说里面有不少中国制造，我倒是从没进去看过。

对大多数德国人来说，穿戴是无须太讲究的事情。上班就工装，下班就休闲装。有数据显示，德国人在衣服鞋子上的支出比例仅仅占月收入的3.3%，远低于全球平均数。

不过老实说，大多数德国人的穿着还是得体的，虽然简单，但也正因为简单，搭配绝对不难看，牌子也并不算差。年轻人最常选择的牌子应该是H&M和ZARA，只是款式似乎比我们在国内看到的要少一些。这些品牌的店内售价跟我们国内实体店差不多，比淘宝上贵一点儿。不过品牌店都有很长的打折季，十几二十欧元就可以买到不错的牌子，四五十欧元能买到一件大牌。

这样一来，德国人买衣服的价格可就比我们便宜了。比如Levi's牛仔裤，德国的价格可就只有国内的一半，有时甚至只有1/3左右。再翻翻牌子看看，原来还是中国制造呢。

在德国，也许真的没有所谓的“名牌控”，大多数人都追求相对简单的生活。

啤酒屋迎客各显神通

德国人对啤酒真是有根深蒂固的热爱，在每个城镇都可以见到自己的招牌特色啤酒，还能见到许多与啤酒有关的遗迹，纽伦堡只是其中一例。

即使是在以啤酒著称、几乎每个城市都有自己招牌的德国，纽伦堡啤酒也是一种独特的存在。当地人最爱的红啤酒，光是听名字就让人想尝试。其实说是红啤酒，但实际上的视觉效果类似于黑啤，味道则略淡。在纽伦堡的超市里，可以见到当地的红啤酒品牌，但若是想喝好的，还是得去餐厅里。

纽伦堡的一些老牌餐厅都有自己的酒窖，自家酿造红啤酒，不量产销售，仅供餐厅自用。这些红啤酒的水准普遍较高，不但能喝，还能做菜，比如啤酒汤、啤酒牛扒、啤酒雪糕……

如果运气好，还可以参观一下不同餐厅的地下酒窖。有人说纽伦堡有个地下世界，这个地下世界就是由不同的酒窖组成。从中世纪开始，纽伦堡就开启了地底工程，功能包括供水和存储啤酒等。当时还没有制冰能力，啤酒的生产和储存又需要低温，所以地窖就成了最佳选择。1380 年 11 月 11 日，纽伦堡议会做出规定：任何人在本地酿酒和卖酒，必须首先要有一个至少 160 平方英尺（约合 15 平方米）的地下酒窖。直到制冰工艺渐渐成熟，地窖才被放弃。不过最特别的故事，还是跟“二战”有关。这座城市因为纳粹将之视为大本营的缘故，在“二战”中被盟军重点轰炸，几乎夷为平地，受损状况在德国仅次于德累斯顿。但纽伦堡平民的伤亡人数却非常少，几乎可以忽略不计。这正是因为地下酒窖的存在，人们将之作为防空洞，躲过了一次次轰炸。

如今这些地下酒窖，多数餐厅仍然用来储存啤酒，狭窄巷道就像迷宫，很有意思。纽伦堡还有一个专门的地下啤酒工厂旅行路线可供报名参观，不过因为不再承担储存功能，里面空空如也，反倒不如餐厅自家的有趣。

欧洲餐厅多，但要想找个像中国大酒楼一样的大场子就很难，包间概念更是闻所未闻。你能见到的多半是小小的餐厅，密密麻麻摆着十几二十张小桌子，以老外普遍人高马大的个头，能挤进去其实也相当不容易。

慕尼黑的皇家啤酒屋是个例外，号称最多能容纳 3500 人，仅一楼大厅就能容纳过千人的它，绝对是欧洲餐厅里的巨无霸，也因此成为一大景点。如果在中国，名声在外、已成景点的餐厅，往往味道并不理想，只能让你吃个历史吃个环境吃个感觉，但在欧洲基本不存在这种问题，食物素质不会下降，更不会沦为只有游客的纯景点，仍然是当地人就餐的重要选择。

皇家啤酒屋便是这样，它源自巴伐利亚公爵威廉五世为酿造宫廷啤酒而于 1589 年兴建的啤酒工场，已有 400 多年历史。相传当时威廉五世经济拮据，便打起了零售啤酒的主意，加上家里有上百张嘴每天等着喝啤酒，于是决定自己建造一座酿酒厂。啤酒厂起先建在老宫廷，1607 年迁至今日所在的地址。

这里曾接待过无数名人，1897 年，茜茜公主从巴伐利亚嫁到奥匈帝国成为王后，便是这里的首批顾客之一。20 世纪初，列宁流亡欧洲，曾经在慕尼黑居住过一段时间，多次光顾这家啤酒馆，据说他喝过 3 升酒后就情绪高涨。他的伴侣娜杰日达・克鲁普斯卡娅曾这样写道："特别让我们经常怀念的是皇家啤酒屋，在那里，啤酒使人们消除了阶级差别。"著名的"铁血首相"俾斯麦在此喝下 6 升啤酒也不舍放下手中的酒去上厕所。1780 年，莫扎特在此饮酒作乐，谱写出歌剧《伊多梅尼奥》作为留念……至于菜肴，据说烤猪脚、白香肠和烤鸡都是名菜。

进门便可见到一个小小的讲演台，围着木栏杆，如今是小乐队演奏的舞台，当年则是供人演讲之用。尤其是"一战"后，德国民生凋敝，经济萧条，社会矛盾尖锐，不少有意涉足政治的人士都曾在此演讲，抨击政府，寻求支持。

传说中，在此演讲的最知名人士是希特勒，又有传说称希特勒发动被称作"啤酒馆暴动"的第一次政变，挟持巴伐利亚政府首脑，便是在这里完成。政变很快失败，希特勒被捕入狱，但被轻判，还在狱中写下《我的奋斗》一书，就此将德国拉上万劫不复之路。

不过，这个传说其实是以讹传讹，政变并非在此发生。皇家啤酒屋唯一可与希特勒扯上关系的，应该是 1920 年发表的《二十五点纲领》。至于"啤酒馆暴动”的发生地，是另一家市民啤酒馆。

在此前很长一段时间里，希特勒的生活都与啤酒馆密切相关。早年的希特勒加入德国工人党，成为该党第七名委员。这个党派经过他一年的改造，更名为“国家社会主义德国工人党”（NSDAP），也就是纳粹党。此后，啤酒馆就成了纳粹党最喜欢的集会地点之一。恩格斯曾经抱怨英国的工人太爱喝酒，并且喝了酒后就越发显露出粗野的本性。考茨基反驳说，酒馆有不可忽视的政治意义，“他们这些潦倒的人，没有沙龙可以去，又不能邀请朋友去家里，如果他们要谈论一件事情，除了酒馆哪还有合适的地方呢？”1919 年，德国工人党里都是些思想偏激的狂热分子，啤酒馆的嘈杂声音为他们的密谋提供了最好的掩护。

“二战”时，盟军占领慕尼黑后，市民啤酒馆被作为仓库使用。1958 年，它经过修缮后重新开张。

来到皇家啤酒屋，必须要喝这里主打的 HB 啤酒，“H”代表德国皇家，“B”代表啤酒。其实早年德国的酿酒技术极不稳定，亦无统一标准，直到 1516 年颁布《纯啤酒法》，规定只用麦芽、啤酒花及泉水酿造，才定下标准并沿用至今，HB 啤酒更是其中翘楚。这里最出名的啤酒，当属自酿的淡啤酒、黑啤酒及全麦白啤。它有别于其他啤酒之处，在于酿造期长一倍，泡沫洁白且丰富细腻，挂杯持久，口感清爽。

如果仅仅是往来名人和特色啤酒，想必还不能诠释德国人的某种精神。

与传说中的大铁笼对应的还有传说中的空位置，即使啤酒屋生意再爆棚，也会留下一些空座位。据说，啤酒屋刚刚启动时，生意并不好。有一次威廉五世送给啤酒屋的打理者欧内斯特一批闲置的精美酒杯，欧内斯特灵机一动，打造了一个铁笼，将那批酒杯作为赠品，送给每月来消费十次以上的顾客，然后在杯子上标记号码，锁在铁笼对应号码的格子里，将钥匙交给顾客，由其自行取用。

此举当然带动了生意，但随着生意兴旺，欧内斯特又要面对人满为患，老顾客上门经常已无位置的问题。于是他专门腾出几排座位，注明这是拥有专属酒杯顾客的专用座位，一直保留至今。所谓以人为本、尊重传统，就是这么回事吧？

走出皇家啤酒屋，外面是安逸的慕尼黑老城。建筑上偶然可以见到斑驳痕迹，那是“二战”时期留下的痕迹，如今我们所见的老城，其实也是“二战”后按原貌复建。由于慕尼黑是希特勒的故乡，也是纳粹大本营，因此遭遇了盟军最猛烈的轰炸，除教堂外几乎被夷为平地。皇家啤酒屋也没能幸免，直至 1958 年，慕尼黑市庆祝建城 800 周年的时候才完成重建并对外营业。这段传统，就这样得以延续。

转角遇到爱：物美价廉的 Aldi

德国是欧洲超市密度最高的国家。德国人从住处出发，5 分钟车程范围内平均有 5.5 个超市，竞争非常激烈。不过，如果你仅仅是个去景点的游客，如果你在欧洲城市的路线仅仅是“广场—市政厅—教堂”这个组合，那么你基本不会见到在德国市场占有率最高的 Aldi 超市。

这是因为欧洲城市的广场基本就是人气最旺的地方，最主要的商业街由此发散，这一带也恰恰是商铺租金最高的地方。偏偏 Aldi 是德国最知名的廉价超市，为了降低成本，就得控制租金，所以不会开在这种核心畅旺地区。

国人对 Aldi 这家超市未必熟悉，这是因为它一直扎根德国本土。不过，未来会有更多国人认识它，因为 2017 年 3 月，Aldi 宣布将以开设天猫旗舰店的方式进军中国市场，之后再推出实体店，中文名字为奥乐齐。在全球经济增长放缓的趋势下，国外零售商瞄准了中国消费者，但也因为电商的发达，它们又往往通过电商渠道探路。

Aldi 创建于 1913 年，原本是位于埃森市的一家小食品店，名为“艾玛婶婶商店”。小店见证了“一战”和“二战”，保障了一家人的生活。1948 年，阿尔布莱希特兄弟接管了母亲的商店，当时德国正值战后物资匮乏期，小店成为许多人生活中不可缺少的一部分。

1962 年，阿尔布莱希特兄弟对小店进行改组，在多特蒙德开设了第一家以 Aldi 命名的食品超市。Aldi 取自 Albrecht 和 discount（折扣）的前两个字母，意为由阿尔布莱希特家族经营的廉价折扣商店。至今，Aldi 仍属于阿尔布莱希特家族的卡尔和特奥兄弟二人所有，分别经营 Aldi 在北德地区的北店和南德地区的南店。南店所有者是弟弟特奥，北店所有者是哥哥卡尔。1975 年，卡尔在一次少见的公开露面时称：“我们的业务发展基础只有一个：最低的价格。”这个原则一直沿用至今。

多年来，北店和南店都在扩张。北店逐步扩展到丹麦、法国、荷兰、比利时和卢森堡，南店则进入英国、爱尔兰、奥地利、澳大利亚和美国。

如今，Aldi 在德国的连锁店已有 3600 多家，国外连锁店 1000 余家，其中仅在美国东部 20 余个州即开办了近 600 家分店。目前，Aldi 的年营业额超过 300 亿美元，是德国最大的食品连锁零售企业。阿尔布莱希特兄弟也一度蝉联德国首富。

根据2016年数据，90岁高龄的Aldi集团创始人卡尔·阿尔布莱希特以个人法定资产171亿欧元成为德国首富。Aldi集团另一位创始人特奥·阿尔布莱希特之子继承了父亲的巨额遗产，以资产逾160亿欧元排在第二。

印象中，我是在德国慕尼黑第一次走进Aldi。当时在老城区玩了大半天，又漫无目的地在市内走了很久，入夜才回酒店。一看导航，离酒店大概两公里，干脆选择步行，顺便走街串巷，再看看慕尼黑市内住宅区。

当时正值晚冬，才6点就已天黑，我背着背囊，顶着小小风雪在路上走着，体会着欧洲的冬季。肚子里虽然刚刚装上一只大猪肘，可是仍然想找点温暖。

就在这时，我扭头一看，见到了一间Aldi。店内灯光温暖，虽然不是德国人习惯的购物时间，但顾客还是不少。于是，便进去找温暖。

一走进去，就发现Aldi与我常见的德国超市不同。这一带距离旧市政厅所在的慕尼黑老城中心并不算远，但也是相对偏僻的街区，路上都是面积不大的公寓。顾客以老人为主，也有一些学生模样的年轻人。

Aldi的受众群体主要是中低收入的工薪阶层、无固定收入居民及退休的老年人。德国社会老龄化严重，老人比例已接近25%，因此，Aldi的大部分网点都设在居民区和各个小城镇，面向低收入者、老年人和家庭主妇。

另外两个重要的客户群体是大学生和外籍工人。德国有许多大学城，外籍劳工也占城市人口的相当比例。在不太讲究饮食的德国，许多人的饮食都以方便食品为主。因此，Aldi也常常开在外籍工人居住区和大学生聚居的公寓区附近。

有数据显示，德国的8000多万人口中，约75%的居民经常在Aldi购物，其中有2000万人是固定客户。

有了这样的面向群体，Aldi的销售策略就是优质低价，所有商品都要以最低价格推向市场。有些商品为抵御同业竞争，稳定客源，即使不赢利，也要压价竞争。而且，Aldi 的商品价格也较为稳定，一般常年不变。

要想低价，采购方面就得与众不同。与其他大型超市相比，Aldi 的供货商较少，但采购量极大，因此进货价很低，有了让利销售的资本。

后来每次去德国，我若是走进 Aldi，都会留心比较一下价格。我购买较多的饮料、果汁、矿泉水、罐头和零食等，Aldi 的价格比其他超市低 10%—20%。有一次，某种牌子的矿泉水甚至便宜了 50%，即使我这种买东西很少花心思比价的人，也动了心，立马捧走几大瓶。

“便宜没好货”，这算是我们从小听到大的“古训”，在中国购物尤其如此，太便宜的东西，你可能连来源都搞不清。但在 Aldi，物美与价廉可以兼得。

尽管是廉价超市，但 Aldi 的全球采购可是出了名的。从原产地直接进口商品，说起来很高大上，但只要常年大批进货，就能保证价格低廉。另外，如果是特别紧俏、相对高端的品牌，Aldi 也会不定期委托进口商进货，或者直接向厂家订购，如瑞士手表、美国的计算机外设等，一方面售后有保障，另一方面价格也比专营店便宜，拿来作为单品促销的宣传噱头再合适不过。

但前面也说过，你在 Aldi 超市里很难见到那些大众名牌，即使是可口可乐，也直到 2012 年才第一次出现在 Aldi，连德国本土的知名啤酒品牌，也是在 2012 年才进入 Aldi。Aldi 之所以有此坚持，是因为掌舵人认为这些大品牌有太多品牌溢价，大量宣传费用也会抬高成本。

更重要的是，Aldi 拥有规模极大的下游厂商。许多德国中小企业都与 Aldi 有合作关系，产品要按 Aldi 的标准生产，Aldi 则会购买甚至买断其产品。如果出现质量问题，Aldi 将解除合同。这些下游厂商要依靠 Aldi 生存，一旦失去这个大客户甚至唯一客户，生存都堪忧，在质量问题上自然不敢放松。

整洁而简约的小店面，低调而沉稳的管理模式，德国超市的“佛系”路线为之圈粉不少。

同时，Aldi 也有大量自销商品，因此也投资开办了不少工厂，如养鸡场之类。对这种自办企业，Aldi 要求更高。

因为商品价格低的缘故，德国人一般称 Aldi 为“穷人店”，可别以为它真是只有穷人才去的。市场调查数据显示，Aldi 是德国第三大最受欢迎的品牌，仅次于世界闻名的西门子和宝马，超过奔驰。许多有钱人也在 Aldi 购物，在超市外的停车场看看，豪车也有不少。不热衷虚荣的德国人，即使身家丰厚，也不介意来“穷人店”购物。

我是个不挑超市的人，作为旅行者，所购无非是矿泉水、果汁和零食。此外，每次旅行，我都会带不少果酱、罐头回来。像这些东西，如果不是长期购买、大批量购买，一趟旅行算下来也用不了多少钱，比价意义不大。所以，有购物需要时，我基本是碰上啥超市就进啥超市，有时甚至连超市招牌都不看。

记忆中我进 Aldi 的次数不算太多，但一来二去，也摸清了它跟其他超市的差异，所以每次走进去，就算不看招牌只看布局，也会知道这就是 Aldi。

首先，Aldi 的面积都不会太大。尽管顾客不少，经常出现欧洲难得一见的排长队景象，但 Aldi 的面积普遍比同地区其他超市品牌要小一点儿。欧洲超市普遍不大，基本都是一层，绝不会像中国这样出现几层楼的大超市，面积达到 2000 平方米，已经是相当大的超市了。Aldi 的营业面积多在 500—800 平方米，一般不超过 1500 平方米。

其次，Aldi 的店面设置很简单，而且与众不同。从外观来说，Aldi 门外基本没有广告招贴，也很少悬挂大幅促销广告。门面和内部装修都很简洁，基本没有花里胡哨的东西。

最明显的区别在于货架。我们熟悉的超市，都有各种各样的货架，但在 Aldi，只有简单的分格货架，每一格都很高，用来放一个个纸箱，商品都摆在纸箱里直接销售。这同样是出于成本考量，认为精致货架会增加成本，而花心思摆放货架商品更会增加人力成本。

这其实就是 Aldi 特有的割箱操作。一般超市会将商品摆放在货架上，假设一箱果汁有 20 瓶，拿了 10 瓶放在货架上，另外 10 瓶就会连箱子一起放回仓库。超市里会有专人负责将商品一一摆上货架，即我们熟知的理货员。但在 Aldi 看来，这样做实在太傻了，一来需要理货员，意味着人力成本的增加；二来还需要一个大仓库，意味着租金和水电费用的增加。所以，把箱子直接摆上货架就好，然后用刀将箱子割开，可以让顾客自取商品。

好玩的是，起码前两年所见，Aldi 为了节省设备成本，仍然不使用条码扫描的方式买单，而仅仅使用普通收款机，收银员直接在键盘输入商品显示价格。看起来虽然“老土”，但效率也挺高。收银台一般只有两三个，但即使排长队，也不用等待太久。

不管从哪个方面来看，Aldi 都与精致无缘，走的是简朴之风。这种简朴并不仅仅体现于店面，也体现于管理层面。大企业多半特别注重公关部门，可 Aldi 居然低调到连公关部门都不设立，也不做市场调查和年度规划。至于大企业最看重的广告，Aldi 也不在意，广告投入仅占总营业额的 0.3%。最神奇的是，直到 2016 年，Aldi 才第一次在电视这个广告商最常投放的大众媒体上发布广告。

也正是因为低调和沉稳，Aldi 从不举债经营，基本不向银行贷款，店面扩张都是用利润来进行，风险很低。

在售后方面，一切也以成本为考量。如果你要退货，Aldi 肯定会退。因为如果要为了退货的事情扯皮，那么就需要客服和律师，就会产生人力成本，进而抬高商品的零售价格。Aldi 甚至不提供门店的电话，顾客无法致电咨询，有疑问就上门退货即可，免得要设置客服人员，增加成本。

不过，这两年 Aldi 也因应时势，发生了一些变化。以往为了节省成本而装修朴素的店面，如今已升级改造，购物体验大大改善。我查了下资料，2016 年，Aldi 对德国南部 1860 家店面进行了全面升级和改造；北部店面也扩大面积、装修升级，货架和商品的摆放彰显人性化，更符合顾客的购物习惯，力图展现一个具有现代感的超市形象。

2016 年夏天，我在欧洲自驾旅行时途经德国西部，经停几个城市，在卡尔斯鲁厄一带就见识了新的 Aldi。以往的纸箱摆放模式居然改了，新装修采用了与顾客视线齐平的货架。2017 年途经德南，感受更深。在巴伐利亚州的一个不知名小镇上，我见到了新的 Aldi。大门口居然有自动咖啡机，还装了大屏幕，滚动播放宣传广告。这些在一般超市司空见惯的设置，在 Aldi 可是新鲜事。另一个与时俱进的设置，是停车场安装了充电桩，以满足驾驶电动汽车的客户。

据说，为了服务晚上购物的年轻顾客，Aldi 还将打破德国超市最迟晚上八点关门的习惯，将部分卖场延长到晚上九点或十点。也许下次再去德国，我就可以见到延迟营业的 Aldi 了。

DM：设计感赢得顾客的心

中国人出国旅行，购物是家常便饭。别说日本韩国了，就连泰国菲律宾，都有人跑去购物。去以质量著称的德国，购物也自然不免，可别以为德国只有冷酷的工业产品，买药妆也有相当之多的选择。如果是买药妆产品或者日用品，DM 算是第一选择。

DM 成立于 1973 年，在德国大小城市都随处可见。既有大城市繁华街道上的门店，也有郊外的卖场。说起来，这可是我在德国逛得最多的超市，而且都是带着目的前去，不像旅途补给零食和饮料那般，我是碰到什么超市就进什么超市。

DM 的布局也很有特色，它的货架不是平行摆放，而是采用“人字形摆放法”，这种交错的摆放方式使得空间感大大加强。在其他超市购物时，一般一条通道只容两辆购物车并行，有些小超市更是“单行线”，一旦要“会车”，就得有人后退让路。但 DM 这种布局就不会这样，许多地方可容几辆购物车并行。儿子第一次去德国旅行时，年纪尚小，最喜欢推车转圈，在 DM 可以原地转圈，绝对不怕撞到人。

当然，这种布局颇为占用空间，放置商品的地方也就少了。这样会不会增加成本呢？答案是不会。DM 仍然是一家如假包换的平价超市，当然，平价商品主要是其自营商品。我们最喜欢购买的洗发水、面膜、沐浴露、牙膏牙刷等，基本都是其自营品牌。

说起超市自营品牌，我对此最早有认识还是在家乐福。因为我酷爱果酱，在国内购买时也时常会比较不同果酱的价格。同款口味比较，家乐福自营的果酱当然会比大品牌便宜，于是，我就成了家乐福无花果口味果酱的忠实拥趸。

但这类大超市的自营商品，其实跟其他品牌没有太大区别，仅仅是具备价格优势。拿果酱为例，家乐福自营的无花果果酱，并不比其他大牌好吃，但也不比它们难吃，它仅仅是货架上同类商品的其中一个选择，也不具备创新意识。DM 就不太一样，它的自营商品更具设计感。各种面膜、精华液和胶囊，我作为一个男性基本不懂，但女性说起来可是如数家珍。我在 DM 见过不少同胞拿着打印的资料或者手机上的图片，向店员询问一些自营商品，而且每样商品一买就是十几二十件。这些轻便易携带而且便宜的商品，早已成为海淘的重要目标。

不过，像我这种不懂美妆用品的男性，更留意的是另一个细节：DM 居然配了饮水机！

我们在国内超市基本不会见到饮水机，在欧洲更是如此，去过的人都知道，矿泉水比饮料还贵。

DM 之所以有此配置，一来是因为没多少人会专门在超市喝水，二来是因为它会销售一些简单药品，饮水机可以给顾客随时提供方便。

DENNS："有机"的细分市场策略

德国超市品牌众多，竞争激烈，所以许多超市都不愿大而化之，而是专做细分市场。DM 是一个，DENNS 也是一个。

DENNS 的最大卖点是"有机"，这可是个时髦的名词。如今我们去买菜，也喜欢买有机菜，但有机商品能支撑整座超市，还是得去德国看看 DENNS。

DENNS 的商品也并非全部有机，但绝大多数都是，数量十分可观。平时买过有机菜和其他有机食品的人都知道，加上"有机"二字，价钱就贵得多，DENNS 也不例外。不过，虽然价格偏高，有机商品依然极受欢迎。

既然是以有机为主打，DENNS 的店招和内部装修都以环保的绿色为基调，看起来清新可喜。德国人日常所需的面粉、意粉、香料、油盐酱醋等，琳琅满目，统统都是有机。也有一些日用品，大半标注有机。

不过，DENNS 最吸引我的还是布局。我在法兰克福第一次走进 DENNS，就被进门位置的轻食区所吸引。说来也巧，那天早上我刚下飞机，从法兰克福机场开车来到市区，正赶上超市开门。还没吃早餐的我，一走进 DENNS 就挪不动步。这个漂亮的方形轻食区，有明亮橱窗和柔和灯光，橱窗里的蛋糕、面包以及香肠、芝士和沙律等，在饥肠辘辘的我看来简直样样都吸引我。轻食区设有小桌子和高脚凳，完全可以即买即吃。

一般的超市，这类轻食商品都会放在超市内部，可 DENNS 却放在门口，我想这跟他们主打有机商品有关。毕竟，轻食区的视觉效果更佳，让人胃口大开，买起有机食品来，或许真有不眨眼的效果。

门口还有另一个设置，即鲜榨果汁区。将这类生鲜食品摆在门口，当然也是为了彰显自己的"有机"啦。

Ernsting’s Family：母婴一站式购物

德国有个连锁店，名叫 Ernsting’s Family，在各大城市都挺容易见到。类似的店或许还有，但我并未见到。

认识这家 Ernsting’s Family，是因为出门旅行，习惯性想给孩子买点衣服或者奶瓶、水杯之类的日用品，所以在城市里晃悠时，若是见到母婴店，都会跟妻子进去看看。

这家 Ernsting’s Family 的特别之处，在于它不仅卖母婴用品，还卖女装。有人说了，卖女装有什么奇怪，国内母婴店里也卖女装啊。可我说的女装不是孕妇装，而是正儿八经的女性时装。

换言之，这家店等于母婴店和女装店合二为一。

对女性而言，带孩子出门购物并不是件特别容易的事情，一个熊孩子足以让一家店变成市场。在这种情况下，女性想安安静静给自己挑件衣服，还真挺有难度。所以，许多妈妈带孩子出门购物，往往会牺牲自己的需求，常年在母婴店里打转。

Ernsting’s Family 就是想改变这一点，让妈妈不但能购买母婴用品，也能美美地给自己挑衣服。客户群也很固定和单一，就是年轻妈妈。

当然，因为店面普遍不大的缘故，所以店内所售母婴用品仍以童装为主，奶瓶奶嘴也会有，但选择很少，仅占一个货架。不管是童装还是女装，都相当时尚，不少还颇具设计感，妈妈在这里完全可以买到当季潮流的衣服。

爸爸们也不用垂头丧气，Ernsting’s Family 也记得男性的需求，只是没那么多罢了。妈妈们在挑选自己的衣服时，可以顺便在收银台附近的货架上看看男性内裤和袜子。当然，男性外衣可就没有了。

这样的店，说到底还是以女装为主打，但兼顾了孩子和爸爸的需求。对妈妈来说，也算是一站式购买。虽然店面小，但能量可真不小哦。

Rossmann：坐着收银界的代表

问一个问题：超市收银员工作时是站着还是坐着？

大多数人恐怕都未曾留意这个问题，但只要稍微一想，就知道中国的超市收银员都是站着的。但在德国，有些超市的收银员可是坐着的哦。

Rossmann 是德国一家非常著名的连锁超市。从供货商品的选择上来说，它类似我们平时常见的屈臣氏，主要以日用品为主，没有任何生鲜。从规模上来说，它远远大于屈臣氏，每家门店都是大超市级别。

这家超市的一大特色，你不留心观察还真不会发现，那就是收银员都是坐着工作的。其实在德国，收银员坐着工作的超市绝非此一家，而且为数不少，不过 Rossmann 的名气可算是最大，堪称“坐着收银界”代表。

之所以让收银员坐着工作，我想肯定有健康因素的考量。毕竟一般的收银员和营业员都有长久站立导致的职业病，如静脉曲张等。

同时，坐着收银好像也没有什么不方便，反而让收银员有了一个掌控全局的架势。收银台就像一张办公桌，空间比常见的收银台会大一些，不管是刷卡、找零，或是拿胶带等用品，都非常方便。座椅调校都比较高，所以即使坐着，收银员也不会比顾客矮多少，双方的视角、观感都不会有不快。

当然，坐着收银也需要自动化配合，无论是流动履带，还是呼唤“救援”的麦克风，都是标配。

有意思的是，在 Rossmann 之类的无生鲜超市里，还有一些看起来稀奇古怪的服务，比如照片冲印。人们可以拿着 U 盘或手机，现场导入要冲印的照片。我发现这事儿后，专门留心街上的照相馆，貌似少见。德国人生活传统，冲印照片这事儿也常做，但也许是租金较贵，加上大家都有数码相机和手机的缘故，专业照相馆反而少见。所以，超市就代劳啦。

标准化供货流程中也会出现在地蔬菜

欧洲城镇的市郊都有大品牌超市，旅途中常停车进行各种补给，顺便当作体验当地生活。去得多了，就看出不少细节。

比如，有一次，我在巴伐利亚州一个不知名的小城镇边上看到超市门口摆着一大堆菜花，个头很大。但相比我们平时在德国超市货架上见到的蔬果，它显得没那么干净，根茎上还微微带着土。更重要的是，在德国超市里，你很难见到一货架的同一类蔬菜，因为超市一般不会提供如此之大的货量，更多还是将一个货架分为几格，每一格有不同蔬果。货架旁边竖着个小牌子，虽不认识上面的单词，但也知此前未曾在其他超市中见过。拿出手机，打开翻译软件一搜，原来这些菜花是本地所产。

在地蔬菜，这有什么奇怪？放在德国，放在供货标准化的超市，就是很奇怪。

在农业机械化和标准化程度极高的德国，农产品一般都有着固定的销售渠道。超市作为标准化流程的企业，商品的来源也有着相对固定的渠道。换言之，大多数商品有着极高的稳定性，你今天来看，这个货架上卖这些东西，过些日子来还是差不多。如果你今天来了只能买到包心菜，明天来了只能买到西芹，今天来买了牛奶觉得挺好喝，明天来了就只有羊奶供应，那就不是现代化意义上的超市，而是小农式的杂货店。

标准化超市当然有很多好处，仅仅对蔬果等农作物来说，它能提供相对稳定的供给，也能让农民省心。但过于标准化的流程，有时又意味着长途运输导致的不够新鲜。但如果过于强调"在地蔬菜"，又往往会因为货源不稳定导致货架不稳定。

所以，就有了折中的办法：以标准化供货流程为主，但偶尔也接受当地农户的在地蔬菜。我见到的这一货架菜花，就是在地蔬菜。农户会偶然将标准化供货渠道以外的收获，提供给本地超市，超市会代为出售，但也会标明来源。

当然，这类合作往往出现于本土超市，在大品牌连锁超市里还是很难见到的。

整洁的市场跟文明指标正相关

于我而言，德国最动人的景点是市场。

每个城市都有自己的集市，一般都设立在广场之上。但就像我们中国人以前赶集一样，德国人的集市也不是每天都有。一般来说，每周只有一到两天的上午才会有集市。当然，也有一些固定的市场，如慕尼黑的维克图阿连市场。

所以，如果你喜欢逛市场，甚至将之视为旅途中不可错过的景点，那么在行程安排上将集市的时间纳入考虑范围，实在非常必要。我就有多次因为集市缘故调整路线的经历，比如在明斯特，就将行程安排在周三，去汉堡鱼市，则安排在周六。

在超市覆盖率冠绝欧洲的德国，传统集市为什么仍然不死？这是因为集市卖的东西确实更新鲜。蔬菜、水果、鲜花都是自种，果酱、蜂蜜、芝士、酱料都是自制……在许多小城，集市的档主与顾客早已在年复一年的买卖中熟识，使得集市成为充满人情味的聚会。

到过德国乃至欧洲的人都会发现，集市一般都设在市政厅所在的广场之上。这一传统源自中世纪，神圣罗马帝国的君王们给予部分城市自由设立集市买卖的权利，因此，每周一两次的集市就这样传承数百年。

我是个爱市场的人，喜欢那种生活气息。每次看到琳琅满目的蔬菜、生熟肉类以及水果，心情就莫名地好。

但我又算是个有市场恐惧症的人，因为实在受不了市场的脏乱。可德国的市场，每个都能激发我的好心情，打消我的恐惧。

慕尼黑的维克图阿连市场是当地最大的市场，也是欧洲最出名的市场之一，就在旧城中心地带，临近玛利亚广场。

因为地处游客聚集之所，这个市场的景点意义似乎更大一些。但它不像某些国内景点那般虚伪，完全失却了自身意义，沦为游客背景，仍然是极受慕尼黑本地人欢迎的市场。

在德国，你完全不用担忧人头攒动的市场环境会破坏你感受人间烟火气的好兴致。

最初的维克图阿连市场是单纯的农民集市，后来成为食品市场，如今共有 140 个摊位，出售肉类、鱼类、水果、蔬菜、果酱、芝士和鲜花等。这里的干净整洁实在不亚于超市，青石地面上见不到一点儿垃圾，货品摆放看似简单，却极具艺术感，色彩缤纷。作为香肠和果酱的狂热爱好者，我在这里大开眼界又备感郁闷。香肠是熟食，携带不便，我只能把对白香肠的热爱倾洒于餐厅，却不可在这里挥霍。至于果酱，倒是可以带几瓶回国，但名额有限，注定陷入选择疑难的困境。还有那一块块如巨石或砧板般硕大的芝士，我真的动起了扛一块回国的念头，惜乎不可。最后只能满心憋屈地挑了几瓶果酱，再依依不舍地离去。

说起欧洲市场的干净，一方面与社会文明程度高和人少有关，另一方面也与他们的肉类鱼类都是冰鲜并包装有关。作为一个吃货，我深知食材新鲜的重要性，以至于只推崇蒸煮二味，嫌煎炸油辣不上档次。从这一点来说，欧洲人的口福确实打了折扣。但不得不说，这样的市场称得上“美丽”二字，对我来说，美好的购物体验足以抵消一切。

车流组成的集市，视觉效果超一流

德国西北部城市明斯特的集市，在德国也颇为著名，逢周三和周六就有，于是我专程安排在周三前往该市。

集市的地点就在大教堂广场，将之作为导航目的地肯定不会有错。下高速后不久便进入市区，第一个感觉便是人不少，相当热闹繁华。经过一段颇为现代的街区后，便到了旧城区，窄窄的石板街道仅容二车通过，一两个拐弯后便见到了集市。

欧洲集市普遍不大，几十个摊位就可算是大集市，按此标准，明斯特的集市相当可观。它的鱼肉类摊位全部由汽车组成，大多是中巴大小，车子驶入广场后，将车厢挡板打开，便露出货架和冰柜。这些车子围绕着广场，构成了集市外围。广场中央则是花草和水果的摊位，有些是小推车，有些是搭建的简易台子，还有些更简单，直接将装花草和水果的塑料筐倒着往地上一扣，七八个筐就能搭出一个摊位，铺上塑料布，再把花草和水果往上一摆，照样美美的。

车身颜色似乎和售卖之物有点联系，一辆红白相间的车子专卖肉类，红肉白肉都有，一辆黄色车子则卖同色系的芝士，十分好看。还有一辆卖鱼的车子，起码有数十种鱼类，车身自然与鱼肉搭配，也是白色。尽管广东人一向爱鲜鱼，但看到这满目琳琅，也忍不住流连。面包车是少不了的，车身是温暖的咖啡色，恰恰与面包的颜色一致，还有一个卖咖啡的小车子，车身当然也是咖啡色。

水果摊也是琳琅满目。时值夏季，不同品种的樱桃是颜值最高的水果，紫红的、青色的、红色的……同样一颗颗的还有葡萄和桑葚。此外，常见的桃子等水果也颇具颜值，蔬菜则少不了彩椒、西红柿等，自制果酱和干果也很抢眼。不知是不是我的错觉，似乎每个摊主都精心布置了自己的货摊，颜色搭配极有美感，比如一篮青色的果子中貌似随意地放上两个艳红的小南瓜，就很漂亮。又或者是他们从小浸淫于美，潜移默化，所以无须刻意摆放，就已有这样的效果?

在这样的集市里闲逛，真是人生享受。可惜我订的不是公寓酒店，无法

德国人严谨到连货摊上的色彩搭配都不放过。

süsse saftige knackige
Jazz-Äpfel
1Kg 2,50
Pink-Lady
Aprikosen
Kiwi
3 Stück 2
Steinpilze
100gr
Pfifferlinge

che aus der Nähe
TOMATEN
kg € 6,90
MINI GURKEN
kg € 3,90
kg € 2,20

自己做饭，只能买水果过过购物瘾。时值中午，集市已近尾声，有些摊主已经收档，在正午阳光下嬉笑着离开。

胡桃夹子竟然最便宜

每年在集市广场上举办的纽伦堡圣诞市场全球闻名，被视为德国历史最悠久、规模最大的传统圣诞集市，最早可以追溯到1628年。一份1737年的名单显示，当时几乎所有纽伦堡的工匠和手艺人都参加了集市活动，140人获批在市场上出售商品。

但我生性不爱凑热闹，那些圣诞盛景，看看图片就好。其实平时走入纽伦堡老城，人少清静，倒也能见到不少细节。

早在中世纪，纽伦堡就与布拉格、科隆并称为三大都市。它也是德国铁路的原点，启动了德国的工业化时代。不过曾以手工业著称的纽伦堡，确实在工业化时期渐渐没落。

不过即使直到今天，纽伦堡人仍对手工业怀有感情。如今的纽伦堡街道名称，仍保持着当年特色，如Hans Sachs、Peter Vischer等，都是以人名命名。这些人可不是什么政治人物或者文化名流，统统是当年的知名工匠。

如今在纽伦堡的集市广场，即使不是圣诞期间，也能见到不少手工制品。最出名的当然是姜饼，纽伦堡姜饼有600多年历史，拥有各种口味和造型。虽说欧洲许多城市都有悠久的姜饼历史，不过走在集市上，见到那些精致漂亮、造型各异的姜饼，还是忍不住拿起来端详。

另一个游客必买的手工艺品则是胡桃夹子。当年，德国童话作家霍夫曼写下童话故事《胡桃夹子与老鼠王》，故事背景就选在圣诞夜的纽伦堡市政厅。后来，柴可夫斯基将这部童话改编为芭蕾舞剧《胡桃夹子》，成为永恒经典。

有意思的是，按照我们的理解，越是旅游区的东西就越贵，可纽伦堡作为胡桃夹子的“大本营”，胡桃夹子的售价可比其他地方低多了，甚至连某些地方的零头都不到。

纽伦堡的“金箔天使”也很出名，不过最受孩子欢迎的是梅干玩偶，手工艺人将梅干做成各种人物形象，惟妙惟肖。除了用梅干，纽伦堡人还喜欢用无花果干做玩偶。这些逼真的人像，真不知道有几个人舍得吃掉。

跳蚤市场与文艺从来没有互斥性

第一次去慕尼黑，时值初春，距离享誉世界的慕尼黑啤酒节还早着呢。不过我生性不爱凑热闹，真让我来见识啤酒节，想必我还会望而却步。但我又有强大的好奇心，于是便有了特雷西恩草坪游荡之旅——这是每年啤酒节的举办地，我无缘遇上啤酒节，来见识见识场地也好。

结果来得早不如来得巧，大草坪上摆满了摊档，那是慕尼黑最大的跳蚤市场。

近 30 年来，中国的物质极大丰富，不复当年窘迫。中国人的消费欲望也被点燃，买买买成了常态。

近几年，随着电商兴起，闲鱼之类的二手网站也拥有了固定受众。不过，在大多数中国人看来，买二手货可不是什么好事，甚至仍属忌讳。但与此同时，由于产品更新换代太快，许多人家里都堆满了被淘汰的旧物，或者直接丢弃，造成了极大浪费。

相比之下，德国人对二手货的狂热简直令人惊诧。经济上普遍不算吃力的德国人，热衷二手货更多出于务实态度和环保意识。当然，也有许多人是“拜物教”信众，喜好收藏，专门在跳蚤市场淘各种旧物，比如陶瓷、明信片、邮票和画册等。

慕尼黑的特雷西恩草坪跳蚤市场，就有不少可供收藏之物。与之类似的还有杜塞尔多夫的跳蚤市场，这座德西最繁荣的商业城市，连跳蚤市场也相当文艺和繁荣。据说，如果你识货，又有耐心，完全可以在这里买到很棒的古董。

此后在德国旅行，我常会有意识地根据跳蚤市场开放的日子去调整行程，也因此见识过不少声名在外的跳蚤市场。不过，后来我便改了路子，只求偶遇。

这是因为在德国，跳蚤市场数量极多。也只有那些没有任何名气、只属于当地人的跳蚤市场，才能让我窥见真实的德国。

在阿沙芬堡，我就曾偶遇过一个跳蚤市场。它就在一个居民区的街道上，一个个摊位沿路摆开。摊主们互相聊着天，甚至互相逛着对方的摊子。一问即知，他们多半住在这个街区，每逢跳蚤市场开放之日，就将家里不用的旧物拿出来卖。

德国有着全球最为复杂的垃圾处理系统，同样也有着处理旧家具和旧物最为方便的跳蚤市场体系。其实这两者之间还有点关系——因为德国的垃圾处理系统过于复杂，分类严谨，许多旧物光分类就让人很头痛，分错了的话，就会被拒收，甚至还会被罚款。至于大型家具，基本都要去指定地点处理，如果约回收商上门处理，收费更贵。这样一来，很多德国人宁愿将之卖掉，也不愿当垃圾丢掉。

一般来说，这类跳蚤市场都位于居民区附近，专供周围街区的居民使用。

这些旧物，多半是生活用品，有简单的家具，也有电器、餐具和花瓶等，书籍、杂志、磁带、CD 也不少。据说许多德国人都会定期清理家中杂物，用不上的就拿出来卖掉。也有不少物品来自出租屋，德国人租房比例极高，一旦租约期满，前住户离开时必须将房子清理干净，值钱东西当然要带走，但许多杂七杂八的东西就只能卖掉。

许多人认为买二手货是穷人的事，德国还真不是这样。在仁木林见到的跳蚤市场，恰好在停车场附近，我就见到开着奔驰宝马甚至保时捷的人前来“淘宝”。也有人认为买二手货更多是中老年人的习惯，德国也非如此。在我见过的跳蚤市场中，起码有一半“顾客”是 20 岁左右的年轻人，多半是当地大学生，

跳蚤市场上的旧物透露出来低调的文艺气息。

为了节省开支就购买旧物使用。

为什么德国跳蚤市场里年轻人的比例这么高?

观念肯定是很重要的因素。要知道，即使同处欧洲，跳蚤市场的热度也大大不同。德国的跳蚤市场明显要比其他国家更兴旺，德国人去逛个跳蚤市场，家里各种用具都是二手货，一点儿也不出奇。

另外，年轻人面对的经济压力也是重要原因。所以，德国有不少廉价超市，还有许多超市会销售自营产品，价格也很低廉，一般只有同类商品售价的一半。至于跳蚤市场，更因为划算而备受青睐。

我们曾在海德堡一个小公园的跳蚤市场见到当地学生“淘宝”，攀谈起来才知道，其中有一位，租住房子里的所有东西都是从跳蚤市场里淘来的，从锅碗瓢盆到小摆件，从桌椅板凳到小家电，从地毯到身上的衣服，还有他的座驾——一辆自行车，都是二手货。至于价格，他告诉我们，如果在超市购置，起码要花上几倍的钱。

据说，德国年轻人入读大学，或者工作迁入新城市，首先关注的就是当地跳蚤市场的开市时间。跳蚤市场可不止一个，不但按街区划分，还会按门类划分，比如大学生最喜欢的往往是旧家具跳蚤市场，每逢此时，就会有许多人上街捡便宜家具。

虽然年轻人多，可我在德国见到的跳蚤市场都特别安静，没人叫卖。不少德国年轻人喜欢借着买卖二手货的机会认识朋友，但也会小声交谈。当然也有讨价还价，但据我观察，基本就是一来二去，毫不拖沓，绝不会有讲价半小时的情况出现。

不管是开着豪车前来的人，还是年轻的大学生，表现都十分坦然，绝不会有“我淘旧物我丢脸”的感觉，可见德国人的务实。

不过这两年逛跳蚤市场，还真得注意一下。因为德国跳蚤市场太过发达，便有人希望借此牟利，所以许多街区的跳蚤市场都不仅只有当地家庭参与，还出现了专业商贩。他们大批量进货，把跳蚤市场变成了真正的市场，尽管东西质量未必没有保障，却使跳蚤市场失去了个性，也失去了原本的意义和趣味。

跟柏林一样有活力的跳蚤市场

在我去过的欧洲首都城市中，柏林可算是最有活力的一个。虽然没有伦敦式的从容、巴黎式的典雅，美感甚至比不上德国的其他城市，但在柏林的街头巷尾总能见到年轻人。

柏林的跳蚤市场也沾染了这样的活力，目前在柏林有数十个跳蚤市场，而且分门别类，有一般旧货，有儿童用品，有专门的收藏品市场，还有书市。

一般来说，大城市最大的跳蚤市场往往会成为游客探访之地，甚至是当地最棒的景点之一。柏林当然不例外，而且，它可被列入游客探访之地的跳蚤市场还不止一个。

最出名的当然是勃兰登堡门前六月十七日大街上的跳蚤市场，每周六和周日都有。勃兰登堡门本就是柏林地标，以古董、旧书和老唱片为主的跳蚤市场设在这里，更是平添高雅。即使你不是柏林人，只要来对日子，遇上它也很容易——它和柏林最出名的菩提树下大道，中间就隔着一道勃兰登堡门。

不过如果你想体验柏林当地人的生活，那最佳选择是柏林人自己最爱逛的跳蚤市场——柏林墙公园跳蚤市场。这个每周日开放的跳蚤市场，就坐落在公园的大草地上。这个不大的公园，借一道长长的柏林墙遗址而建，算不上特别出名的景点，毕竟柏林墙遗址在柏林并不稀奇。不过在跳蚤市场开放的日子，它确实变得与众不同。

这个跳蚤市场主要出售旧家电、旧家具和服装，当然，还有各种自制的手工艺品和食品等。也有一些人不甘寂寞，要展示自己的艺术天分，毕竟柏林是年轻人的天下，也是自由创作者的乐园，所以，在这里也能见到许多创意产品。

如果你不喜欢这种名声在外的跳蚤市场，那么大可随心所欲地偶遇。因为在柏林，你总能遇到它们。它们可能在老街上，可能在车站旁，可能在河边，可能在湖边，也可能在街区的小广场上……你可以买到二手衣服，可以买到

柏林这座有着 800 年历史的城市，其跳蚤市场也充满了迷人的历史色彩。

二手电器，可以买到旧书和旧唱片，可以买到古朴的烛台和杯碟。最有意思的是一些单独来看毫无用处的小物件，比如铁皮盒子、机械零件等。对有志于创意产品的人来说，搜购一批回去，天马行空地做出属于自己的家居饰品，并不是天方夜谭。

当然，如果纯粹想买生活用品，那么跳蚤市场里相当比例的摊位属于土耳其人。这是因为德国现在有 400 多万土耳其裔，他们多半是蓝领，像搬家、拆迁等领域，多半以土耳其裔为主。德国人搬家，往往有大量物品不会带走，土耳其裔从业者就会将之分门别类，拿到跳蚤市场出售。

不过柏林跳蚤市场的最大魅力还是跟历史有关。这座曾被柏林墙隔绝东西的城市，既有前西德旧物，也有前东德旧物。对喜欢收藏的人来说，简直是天堂。前东德的明信片、铁皮玩具、各种勋章，还有带有前东德印记的器皿，都是收藏者的挚爱。

当然，所有的柏林跳蚤市场都会卖柏林墙碎片，就像纪念品商店一样。至于是不是真的，只有天知道。

拖拉机开进跳蚤市场

莱比锡不但是德国大城市之一，也是最值得探访的城市之一。它历史悠久，还曾因为隶属前东德，处处有着旧时代的印记。不过，在莱比锡的酒店里，当我向前台问路，顺便问还有哪些地方好玩时，对方首先推荐的却是跳蚤市场。

跟其他德国城市一样，莱比锡有许多个跳蚤市场，而酒店前台向我极力推荐的，据说是德国最大的跳蚤市场。

之所以最大，与莱比锡的地理位置有关。德国本就是东西欧之间的中欧枢纽，莱比锡更可算是几何中心之一。在它的跳蚤市场上，你可以见到东南西北欧的各种商品，比如前东德的工业产品，虽然不好用但却是大家都热衷的收藏品。又如北欧的极简风格饰品与家具，极适合生活简单的德国人使用。近邻捷克的波西米亚风、南欧西班牙的热切风格，还有西欧的法国式优雅，都可以在莱比锡跳蚤市场见到。

这个名叫阿格拉的跳蚤市场，确实有着与众不同的气质。相比我在德国见过的其他跳蚤市场，它明显更喧闹一些。最重要的是，现场居然还能见到拖拉机！

我在一辆拖拉机前停下，车斗里摆了大量老物件，比如明信片和勋章等，一看就是前东欧国家的玩意儿。与摊主攀谈几句，才知道对方来自波兰。

从波兰开拖拉机过来？这简直超出了我的想象力嘛。但后来查资料才知道，波兰还算是近的。有人从波罗的海三国过来，如果是最远的爱沙尼亚人，将贯穿爱沙尼亚、拉脱维亚、立陶宛，再经过波兰，然后才到德国参加一次跳蚤市场。还有摩尔多瓦人，他们得经罗马尼亚、匈牙利和捷克来到德国。当然，开拖拉机的是少数，更多人会选择拼车。

他们带来的老物件颇受欢迎，但更重要的是采购。他们热衷购买波西米亚风格的物件，在莱比锡跳蚤市场上购买的价格远比在自己国家购买划算，回去可以自用，卖出去更是会赚上一大笔。

也正因此，莱比锡阿格拉跳蚤市场还被称作德国最混血的跳蚤市场。

现场最有意思的是专置的小朋友摊位。跳蚤市场管理方会为孩子专门提

除了文艺气息和历史色彩，跳蚤市场也时常活跃着童真童趣，受到大人小孩的欢迎。

供小摊位，供他们卖旧玩具和儿童用品。

不过查资料才知道，阿格拉跳蚤市场上最引人注目的不是开着拖拉机跑来的东欧人，也不是孩子，而是荷兰人。

据说，每逢跳蚤市场开启的日子，荷兰人凌晨就跑来选货。有经验的买家甚至连货物细节都不看，掀开摊档盖布的一角一看，就把整摊东西买下了。他们瞄准的也是东欧旧货，低价收购后，会通过海运卖到日本、澳大利亚和美国市场，那里有对东欧旧货十分着迷的受众群体，转手卖出可以大赚一笔。以商立国的荷兰人，真是名不虚传。

跳蚤市场背后是节俭精神和包容心态，只有一个多元且务实的社会，才会给予二手货如此广阔的空间。

蓝天草地，生活情趣

跳蚤市场这个词是怎么来的？在德语中，它写作 Flohmarkt，正好是由跳蚤 Floh 和市场 Markt 组合而成。据说这个词来源于法语的 Le Marche aux Puces。

1884 年，巴黎市政府为了保持市容整洁，立法禁止沿街乱倒垃圾，并颁布法令让 30000 名靠捡破烂为生的贫民把市区堆积的垃圾搬运到郊区一个废弃的练兵场上。

这些贫民来到这个废弃练兵场后，挑拣有用而且保存较为完好的垃圾，就地随手出售，到了 1886 年，这里就形成了一个固定市场。因为在这里出售的旧衣物上常带有跳蚤，巴黎人就将这里称为跳蚤市场。

之前曾看过一篇文章，应该是当地中国留学生所写，讲自己在波恩求学期间逛跳蚤市场的经历。德国的跳蚤市场有大有小，几乎每个城市都有一个大型跳蚤市场，每年，这种大型跳蚤市场的官网都会公布当年的跳蚤市场开市时间。比如波恩的跳蚤市场，一般就是 3 月到 10 月的每月第 3 个星期六。

我也曾"半偶遇"波恩的跳蚤市场，之所以说是"半偶遇"，是因为我事先查阅过跳蚤市场的开市时间，但并未专门安排行程。抱着有时间就去的态度，我们在那个艳阳高照的早上，在酒店优哉游哉地吃了个早餐，才开车前往跳蚤市场。

市场在一个公园里，大大的草地上，人们依次摆开摊子，热闹却又安静。

说是卖二手货的跳蚤市场，但看看德国人卖的东西，许多根本看不出是旧货。尤其是衣物，洗得干干净净，叠得整整齐齐，简直就像新的。能看出是旧货的，多半真是老物件，比如老唱机、旧钟表等。不过更吸引我的还是那些充满青春回忆的旧物，比如能玩俄罗斯方块的掌机。

波恩的天气总是很好，遍布城中的绿意让人惬意。而在这阳光之下，草地之上，是充满生活气息的跳蚤市场，似乎象征着德国人的生活——简单、纯粹，却又不失情趣。

酒店神器：24 小时自助入住机

用各种订房 App 预订欧洲酒店时，总有很多筛选项目，你优先的选择是什么？有些人会说是房型，有些人会说是停车场，有些人会说是早餐，还有人会说是床型……但根据我的经验，第一选项必然是“24 小时前台”。

我们在国内订酒店，很少会考虑 24 小时前台的问题，因为酒店基本都是 24 小时前台，即使最便宜的快捷酒店也是如此。但在人力成本高昂的欧洲，这事儿可未必。首先，家庭运营的旅馆和民宿等，大多不可能提供 24 小时前台，你在预订时，网页或者 App 页面都会出现入住时间的提示，如果你在此外的时间抵达，必须先行预约，或者到了后打电话呼唤对方来开门。相对来说，前者肯定更靠谱一些，后者在欧洲往往不管用，因为很多老外下班了就不接电话，即使靠谱的德国人也不例外。

即使是酒店，也往往有自己的入住时间限制。有朋友就曾于晚上被巴黎的四星级酒店拒之门外，前台没人，大门紧闭，住客可以凭卡出入，你却进不去，进去了也没用，因为没有工作人员为你办理入住。

所以，如果你晚上才能抵达酒店所在地，那就必须留心酒店政策，看它是否有 24 小时前台，或者最迟入住时间是几点。反正我若是坐夜班飞机抵达目的地，第一间酒店必选有 24 小时前台的。

这事儿虽不方便，但欧洲人向来不知加班为何物，人力成本又高，我们也只能入乡随俗。当然，以德国人民的智慧，他们也会想出各种既能节省人力成本，又不妨碍住客的办法，比如看起来很逆天的 24 小时自助入住机。

这种设置，一般来说连锁酒店才会有，毕竟需求量大，成本容易降下来，单一酒店搞这么一个设备，似乎有些奢侈。而且，这种连锁酒店还不能太高档，如果是希尔顿、喜来登和万豪这样的大品牌，基本都是 24 小时前台，何需此

德国乡村酒店众多，环境优美，装修漂亮，不少还是城堡改造，但这类酒店基本都没有 24 小时前台。

机器？我偏偏是一个不怎么住平价连锁酒店的人，一方面嫌弃它没特色，另一方面也嫌它条件差。只是偶尔有一次，在德国东部，因为贪玩过头，临时需要改酒店，吃饭时拿着手机搜来搜去，满意的都已住满，有空房的又不满意，无奈之下订了间连锁酒店。

就是这间连锁快捷酒店，让我第一次见识到了自助入住机。在地下车库停好车之后，随着指示进入酒店区域，结果大门紧闭，前台无人，但门口有台自助入住机，上写“24H Check in”。

操作其实很简单，输入预订人的名字加上信用卡号，机器就能自动识别，并显示你的预订信息。确认无误后，机器就会打印一张纸条，告诉你大门密码、房间号和房间密码。下面的过程就超级简单了，进大门，找房间，输入密码入住。

第二天早上起床，前台已经上班，见到我们这些从楼上走下来的生面孔，压根不意外，微笑着打招呼。生活在一个高科技国家，不用加班的感觉真好啊。

诚信下的自由意志

在德国乃至欧洲，街上总能见到花店，也是街上最美的存在之一。如果去市场，卖花的摊档也最好看、最引人注意。

国内花店往往强调包装，但在德国，尤其是德国南部，花就是花，不管是买回家摆放还是送人，都见不到过多的装饰，甚至根本没有包装。后来才知道，南德的习俗就是送花给人时必须拆掉所有包装。因为在南德人看来，再漂亮的包装纸，都比不上花朵的自然之美。

最有意思的是，还有一个地方也能买到花，那就是路边。

有一次在乌尔姆附近的乡间公路上，我见到了路边的一片花圃。夏日午后，阳光洒在花圃上，十分好看。旅途中有此遇见，也算意外之喜。刚好路边有空位可以停车，决定停下来拍拍照片，谁知却见到一个牌子，可惜是德语，基本看不懂，倒是有不少数字。有人在花圃里采花，手上有篮子有剪刀。本来以为是花圃主人，但仔细一看，花圃里居然有两批人，怎么看都不像一家人。正当我猜是主人邀请朋友来做客时，有人采完花走过来，掏出钱投入牌子边上的一个封闭小盒子里。

原来是买花？这倒是稀奇了。其实在国内，我们也有许多类似的地方，比如摘草莓之类，但都是有人看管的，这里可没有。

问了一下才知道，这类公路花圃一向很得当地人青睐，毕竟地方大、阳光足，又有专业人士打理，花开得更好。所以，许多人会专门开车到这类花圃买花。

这些花圃都没有老板或员工值守，买花人需要自己动手，选好之后就自己剪。交钱也很简单，我们看到的牌子其实就是价目表，花圃里的不同品种，牌子上都有明确标价，买花人自己计算过后，将钱投入小盒子即可。

如果没有良好的社会风气和人与人之间的高度信任，怎么会有这样的买卖？当然，我也开了个玩笑：以德国人乃至欧洲人的算数功力，计错的可能性会很高吧？

其实，全靠信任进行买卖的可不止是花圃。如果你去过德国西部，尤其是黑森林地区，就常常会见到山间公路边有人卖果酒。这些果酒都是当地农民自酿，滋味甜美。它们装在小推车里，有时放在路边草地上，有时放在山坡边，本身就是好照片的来源。但无论放在哪里，你都不会见到有人在旁边

爱花的德国人，宅院里总少不了小花园。德国的公路两边也会有不少花圃，居民来买花，把钱放在价格牌子旁边的盒子就可以走人。人与人间的高度信任可见一斑。

看守。换言之，如果你想买，挑好之后按价格把钱放在盒子里即可。这些小推车上还会有专供试用的样品，你也可以自斟自饮，在这蓝天白云下自由感受一番。

“宰人”的旅游区，不存在！

在国内旅行，“尽量不在景点内吃饭”是一大准则。别说挨宰问题了，即使是规范的景区，样样明码实价，价格也比景区外高出一大截。你也千万别针对这个问题当场发牢骚，因为景区内的餐饮业基本没有什么服务意识可言，总是一副你爱吃不吃、不吃就走人的态度。

但是在德国乃至整个欧洲，你就不需要担心这个问题。不管是快餐简餐，还是大餐厅，抑或咖啡厅，价格都跟外面没什么差别。

记得第一次去德国时，前往天鹅堡。我在旧天鹅堡流连半天，总觉得它比名气最大、德国旅行象征的新天鹅堡更美。之后又准备步行去旁边的新天鹅堡，可是从旧天鹅堡走下来已是饥肠辘辘。算了一下时间，如果此时去新天鹅堡，加上内部导览时间，怎么都要两个小时。如果驾车去旁边的菲森小城正正经经吃顿饭，也不免需要一个多小时，会耽误之后的行程，于是决定在售票处旁边先随便吃点。

在德国，类似城堡之类的景点，如果没有较为特别的城堡餐厅，基本都只会提供简易餐食，如三明治、蛋糕和咖啡等。看了看价钱，发现居然与一般城镇所售没什么差别。要知道，天鹅堡可是德国旅游地标，是无数德国旅行书的封面，几乎是德国旅行团必到之处，德国人就是能做到与外面售价基本一致。

后来去国王湖，感受更深。国王湖是德国最深的湖泊，水质极好，据说直接达到饮用标准。景区极大，需乘船前往，不同景点也需坐船才能到达。

国王湖以自然风光见长，唯一的人文景点要算是湖心岛上那座小小的圣巴托洛梅修道院，又称“红顶教堂”。从湖心岛码头上岸，沿湖而行，便可走到教堂。

教堂附近有一家餐厅，白墙黄边，颇具童话色彩。当日在岛上溜达一圈后，眼看时间有盈余，便决定在餐厅坐下来喝杯东西。顺便看看菜单，发现主菜

国王湖只有一家餐厅，必须乘船前往，可餐品价格并没有水涨船高。

基本在十到二十欧元之间，前菜和沙拉基本是五到八欧元，整体看下来跟外面差不多。

德国南部经济发达，物价在德国来说本就偏高。国王湖是景点，而且这间餐厅位于湖心岛上，可算是前不着村后不着店，无论上岛还是离岛，都得等候定点班次的船只。这种荒山野岭之地，即使价格极高，狠狠宰你一刀，你也无处可走，要不就别吃，要吃就得忍着，遇上凶恶的店主，说不定能把你扔湖里。但在德国，你丝毫不用担心有偏离市价的情况出现。

2000 多个隐形世界级品牌

去过德国的人都知道，这是一个罕有高楼的国家。除了有限几个大城市，想在中小城市见到高楼大厦，概率低到吓人。

即使是法兰克福这个金融中心，也是一座古朴老城，高楼大厦虽然也不少，但比起我们中国的城市，那真是小巫见大巫。当然，德国人可一点儿也不在乎这个。

在法兰克福的街头游荡，国际金融中心算是必打卡之地。那天我晃晃悠悠，就走到了这里——德国的金融命脉，信贷市场、证券市场、外汇市场和黄金市场都在这里。

德国证券交易所号称欧洲最活跃的证券交易市场之一，交易量仅次于伦敦，总部就在法兰克福。而且，德国证券交易所的上市费用在欧洲发达国家里最为低廉，也就 5000 到 10000 欧元。

德国股市的知名企业也非常多，都是德国本土大品牌，如阿迪达斯、安联、拜耳、巴斯夫、宝马、奔驰、德意志银行、欧洲宇航防务集团、汉莎、保时捷、彪马、SAP和西门子等，绝对是星光熠熠。但值得留意的是，整个德国的上市公司数量是800多家。相比之下，日本有3700家上市公司，我们的大A股如今也有3000多家。炒股的人数也少，2017年，德国股民数量刚好超过1000万，但14岁以上人口中，股票投资者比例仅有15.7%，比起其他主要发达国家明显偏低。换言之，活跃的德国股市，只是为参与者提供了方便，但参与者在德国国民中所占比重并不高。

要知道，德国有2000多个世界级品牌，是与美国、日本并肩的顶级工业强国。另一个重要指标的考量，德国更是冠绝全球——目前全世界约有3000家隐形冠军企业，其中超过半数来自德国！

所谓隐形冠军，是德国教授赫尔曼·西蒙提出的概念，指一些不起眼、不为人所知的小行业的翘楚。隐形冠军未必具有极高的产值，名气也肯定比不上那些大企业，但作为一个细分领域的龙头企业，却体现着国家的工业健康度。隐形冠军越多，这个国家的工业就越健康。

按照我们对股市的理解，这么多优秀企业，起码有一大半应该上市，但事实却非如此。在发达的德国，企业为什么不热衷上市？根子在于它们的家族企业属性。

在目前德国的350万家企业中，中小企业占比高达98%，其中绝大部分又是家族企业。另外，这些企业50%以上的销售额都以出口方式实现。

德国的家族企业百强，平均寿命已经超过90岁。以德国人的耐性，他们更希望企业传承下去，所以不会盲目扩张。股市这个圈钱工具，对他们的吸引力也就不高。

也正因为没有投身浮躁的资本市场，德国企业只能在产品上下功夫，强调质量和技术。

不上市、不热衷于资本市场，并不意味着守旧。据欧洲专利局统计，德国的人均专利申请数量是法国的 2 倍，英国的 5 倍，西班牙的 18 倍。数量庞大的德国家族企业，普遍会拿出相当比例的利润用于研发。

德国实体经济的强大，奥秘就在这里吧。

驻店药师可以是家庭医生

现在在国内药店买药，驻店药师常常会给一些专业建议。如果是大品牌药店的驻店药师，水平都还不错，我曾几次与药师闲聊，发现他们都是药学专业本科毕业。

不过，要让中国人把药师当成医生，跑到药店里看病问诊，相信肯定是极少数情况。但在德国，可就不一样。

对中国购物者来说，出国买药和化妆品很是常见。去日本的话，大家最爱进药妆店，如果只想买一二线品牌的化妆品，那就去美妆店。如果在德国买药，选择有两个：药店或是药妆店。如果是药妆店，那就可以买到药品和化妆品，与日本的药妆店无异。但药店嘛，似乎就有点不一样。但凡药店，店内也能买到一些美妆用品，尤其是大家最爱买的小菊花护手膏和百灵油，在这些药店的货架上都能看到。但药店比药妆店还多了一样不同之处，那就是药店有专业驻店药师。

跟我们的药店一样，德国药店的药师也提供咨询服务。只要药店招牌有个“A”字圆形图案，就代表有药师驻店。但跟我们不一样的是，德国人常常会排队在药店进行咨询。我头一回见到这场面，还以为大家在买什么紧俏产品呢，观察一下才知道，大家居然是在求诊问药。

这显然跟德国的医疗制度有关，德国的医疗保障体系很是完备，但德国人看病的花费仍然不小。更重要的是，医院排起队来，简直比我们的医院还恐怖，如果是一些小病，预约医生随时要等十天八天，说不定自愈速度还更

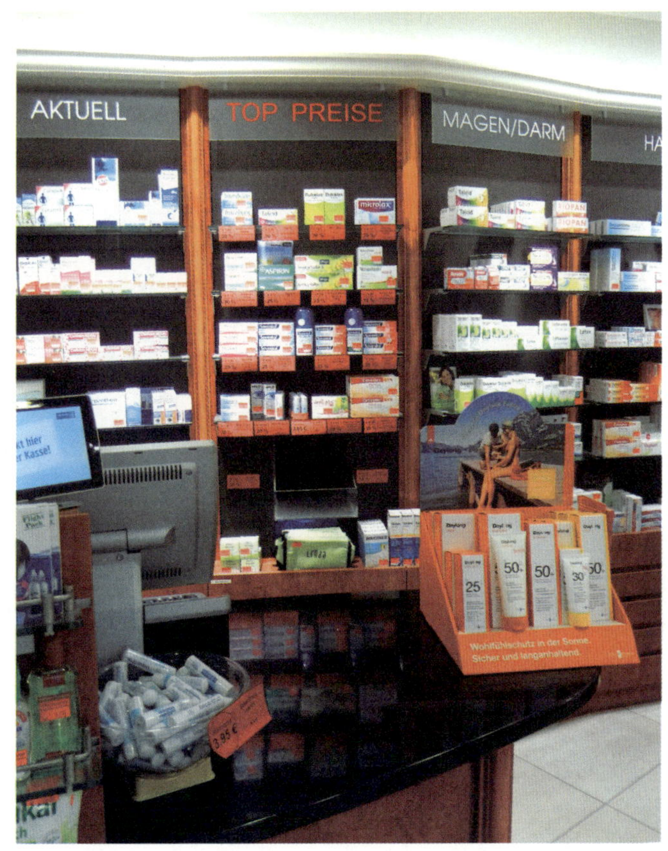

典型的德国药店和药妆店，一些德国人若有小病痛，会直接向药师咨询。

快呢。所以，如果是平时的长期用药咨询，或是一般的身体不适，把药店的驻店药师当成家庭医生，实在是德国一般民众的不二选择。

当然，跟我们这边一样，德国的药师只能提供一些普通药物，如果是处方药，还是要由医生开具处方后才能购买。

PART 5

高速路设计上的科技和人性

高速公路是一个国家走向繁荣的桥梁，也是一个国家留给游客的第一印象。德国人的严谨、诚信和守规矩，深入高速公路建设的每个细节。无论是路的厚度、休息区的设置还是交通规则的制定，都包含着浓厚而鲜明的德国气质。

公路可以满足波音 747 客机起降

某次旅途中，我于前西德首都波恩前往 20 公里外的科隆。后来才想起，这条 A555 高速公路就是世界上第一条高速公路，至今仍在使用。

1932 年 8 月 6 日，这条高速公路建成通车，工程奠基人是时任科隆市长的阿登纳，他也是战后的西德第一任总理，是德国复兴的关键人物。可希特勒认为这条仅仅 20 公里的道路根本不算高速公路，将之降格为一般公路。

在德国高速公路历史上，希特勒也是无法绕过的名字。直到今天，德国仍有 1/4 的高速公路修筑于纳粹时代。

据说，当年希特勒发动慕尼黑啤酒馆政变，结果失败被捕。他在监狱里写下了《我的奋斗》，还阅读了不少图书，其中就有名为《我的生活与工作》的福特自传，他因此萌发了修筑高速公路的念头。

在他出任德国总理后，立刻开始宣传高速公路计划，即使遭到强烈反对仍想尽办法推行。不得不说，希特勒这个大魔头在高速公路这一问题上有着极其超前的眼光，他对高速公路修建提出的种种要求，直到今天仍不过时，依旧是高速公路的标配。

他提出的要求是这样的：宽 34 米的四车道公路，中间有 5 米宽的间隔绿化带，不设路灯，每隔 200 米竖一根金属片镶面的水泥柱，夜晚在车灯照射下反光。另外，每隔一段距离都会设置加油站、餐厅和紧急停靠区。直到今天，这些做法仍在沿用。另外，希特勒提出的坡度尽量小、拐弯半径尽量大等想法，德国人也将之贯彻至今。

为了行驶安全，德国高速公路的厚度也是全球第一，据说路面钢筋混凝土厚度达 80 厘米，是中国高速公路的三倍至四倍，这样的路面甚至可以承受波音 747 客机的起降需求。也正因此，驰骋于德国高速公路时，路面的平稳让你感受不到任何颠簸。

另外，与我们惯常的理解不同，对高速公路损害最大的不是汽车轮胎，

德国的高速公路旁没有土坡，以防止倾泻，德国人还会定期检查道路两旁的绿化状况。

而是雨水。因此，德国高速基本采用倾斜路面，即路边稍低，可以让雨水流向路边，再渗透一层透水水泥，流进水管网络，最终流进储水塘。

德国人的严谨甚至做到了路面以外。在德国驾车，两侧不会见到土坡，以防止倾泻。但种上树木和草就可以放心了？也不是，它们必须与高速公路保持距离，以免太过茂盛侵入车道。所以，德国人还会定期检视公路两侧的绿化情况。

哪里有人烟，路网就铺到哪里

"最后一公里"这个词，大家都不陌生。如今，它已被引申入许多领域，如通信网络、公共服务等，不过我们见得最多的仍是其本意——公共交通末梢。

德国高速公路号称世界第一，但它的农村又是怎样的？我的结论是：哪里有人烟，路网就铺到哪里，而且都是柏油路。同样，德国的乡间公路使用率也相当高，但因道路建设状况极佳，路网发达，加上司机个个守规矩，同样畅顺。

德国作为欧盟最发达国家，百万以上人口的城市仅有柏林、汉堡和慕尼黑，70% 以上的人口生活在 10 万人以下的市镇，尤其是人口在 1000 到 2000 人之间的村镇。

从基础设施来看，这些散落的小市镇丝毫不亚于大城市，绿化和住宅条件则更胜之。无论是经济发达的德西和德南、近海的德北，还是经济底蕴远逊于前西德的前东德地区，乡村风光都是一派旖旎。市镇清静美丽，公共设施和商业设施一应俱全。小村落散落在旷野之间，以大片原野、茂密树林或广袤草地为背景，远远看如同仙境。若是开车进去，更是另有乾坤，错落巷弄间，两侧都是童话般的小屋，花园阔大，都经过细心打理，即使是旷野间别无分号的独户民宅，也见不到防盗网和围栏。

哪怕是山间最偏远的乡村，也有柏油路直达，村内也不会有沙土路，两侧土地若非民宅与草地，便是树林。

多年前，我曾见过一个说法，称德国的"最后一公里"建设极尽完善，即使是孤零零住在山上，政府也会把柏油路修到你家门口。德南常有一些小山，村落依坡而建，清一色红瓦或灰瓦斜顶小楼，唯一较高的建筑便是位于村子中心的小教堂。在这样的村落里，总有那么几户人家会选择"离群"，把家建在山顶上，尽管只是百米甚至数十米的小山坡，但也得穿过树林，弯弯曲曲建上一条山路才可通行。以我所见，无论远近，道路都直通每户家门口。有

就算你孤零零地住在山上，柏油路也会修到你家门口。

时未曾驾车亲至，只在高速公路或者普通公路上远望，也能看到一片绿意中那条灰色长带，蜿蜒上山。在相对空旷的德北，常可见一望无际的原野和树林，有时会见到一两座小屋点缀其间，无一例外，都有一条道路通往其家门口。兼有平原和丘陵、遍布森林和田野的德西，小村落总在错落中出现在你眼前，在高速公路上有许多出口通往这些村落，开车时常可见左右出现缎带式的公路，或左右弯曲，或上下蜿蜒，伸向远方童话般的小村。

AI 设定般的车速与“拉链”规则

不少人认为，欧洲（当然也包括德国）交通顺畅，主要原因是车少人少，中国车多人多，不具备可比性。

其实这是极大的误解，以德国为例，其面积仅 35 万平方公里，人口达 8200 万，人口密度为 234 人 / 平方公里，这一数据远大于中国的 135 人 / 平方公里。当然，中国人口分布极不均衡，东部沿海地区达到 400 人 / 平方公里。但是，若拿人口密度与德国差不多的中国中部地区（如湖南、湖北、安徽和河南等省份）做比较，与德国在交通上的巨大差距也显而易见。

而且，德国不但人口密度大，私家车拥有率也超高，一个家庭有两辆车是标配，3 辆以上也不出奇，还有房车这样的大家伙，每千人拥有汽车数量达到 700 辆，至于中国，2015 年的数据是每千人 110 辆。根据这个比例，你还能说德国车少吗?

所以，德国高速公路虽然也有“冷清”的时候，也有车少的路段，但整体来说，使用率其实比中国高速大得多，常常车流如龙，能够保持畅通甚至高速行驶，守规矩是最大原因。

超车道的设置对行驶安全大有帮助，反观国内，许多车辆在最左侧车道上慢速行驶，甚至几辆车慢速并排而行，这本身就是一种自杀行为，越慢越不安全。

当然，如果车流极度密集，甚至延绵十数公里时，超车道上也会挤满车辆，这种景象在夏天比较常见。

德国的道路使用也分淡季旺季，冬天算是淡季，每年 5—9 月的度假期则是旺季。但即使是淡季，车辆也不见少，特别是西部和南部等经济发达地区，永远车流不息，大货车更是绵延不断。至于旺季，那就更是恐怖，仿佛所有人都开车跑上了高速公路一般，滚滚车流甚至跟中国城市上下班高峰期并无差别。偏偏德国高速公路多半不算太宽，单向三车道或两车道是常态，如果是在中国，只要有一辆车在快车道上慢悠悠地开，或者三辆车并排以同样速度前进，就会造成缓行甚至拥堵。但在德国，这种情况必然不会出现，守规矩但又崇尚速度感的德国人，会保持高速行驶状态，合力造就一个奇迹般的场面。

如果你没有身临其境，很难想象这样的奇迹：单向双车道或者三车道的高速，延绵数公里的车流，大家匀速前进，大货车统一在慢车道以 80 公里的时速行驶，小车还能保持 100 公里的时速。这种场面有多震撼，在中国开过车的人都能明白。我甚至有过这样的错觉：我置身于《楚门的世界》里，一切都是导演所编排，他用电脑设定了每辆车的时速。在如此顺畅的行驶状态下，驾驶当然是一件容易且充满乐趣的事。

能做到这一点，在拥挤路况下不随意变线是重要准则。在德国开车，不

高速公路上每辆车都以电脑设定般的速度匀速前进。

管开的是豪华跑车还是老爷车，人人规规矩矩，绝不会左钻右蹿，不会随意加塞。另外，在高速行驶状态下，如果遇到前面塞车，司机会立刻打开双闪灯，提示后面车辆前面有塞车，自己即将急刹车，这在极大程度上避免了追尾。即使是随意性很强的法国、路网铺设较晚的前东欧国家，高速公路的文明使用程度基本也与德国相当。

如果遇上高速整修，车道被占用，车速当然就会降下来。这个时候，德国人对“拉链规则”的坚守，就成了不造成拥堵的关键。因为天气缘故，夏季是基建旺季，常可见到高速公路分段封闭施工。德国人特别注重道路安全，所以经常要对高速公路进行整修以及加厚、加宽，确保没有小坑洼。德国人修路时沥青铺得极好，从来见不到补丁路。

但施工必然导致道路变窄，三车道变两车道、两车道变一车道的情况时有发生，即使是追求速度的德国人，在这种情况下也只能放慢速度。在国内，如果遇到这种路况，交通往往会大乱，最重要的原因就是大家抢道，谁也不让谁，以至于浪费时间，甚至发生剐蹭，造成大塞车。而在欧美，“拉链规则”早已深入人心，所以即使慢，也不会乱。所谓“拉链规则”，即指车道变窄时，并行的右车先让左车，后车则必须让前车，每条车道轮流通过一辆车。以两车道变一车道为例，左边第一辆车当然先行，其次是右边第一辆车，随后是左边第二辆车，再后是右边第二辆车……这是最高效的通过方式，早已成为规则，人们也自觉执行。

我经历过许多这样的“拉链”，即使缓行，即使车流绵延，也听不到任何汽车喇叭声。而让我更为印象深刻的是，当轮到我驾车通过“拉链”时，总能见到隔壁车上司机的点头致意，有时，还有微笑。

在德国，为什么很难在高速公路上见到交通事故？答案挺复杂，但已成为一个传说：德国高速公路并非没有事故，只是你很难见得到，因为他们用直升机处理事故，迅速清场，你根本没啥机会见到。

这个传说真实性如何？只能说确有其事，但并非德国高速处理事故的全部选择。这么高科技又霸气的配备，其实更适用于较为严重的事故，或者交通特别繁忙、事故会造成巨大拥堵的状况。

德国境内有 36 个直升机救援基地，能够确保在 15 分钟内到全德任意一个事故现场进行救援。但除了直升机，救援车的数量显然更多，而且不乏能够短时间来到事故现场的高性能车辆，如奔驰和宝马等豪华品牌。这些车基本都经过改装，且不会安装限速解调器。更为便利的则是时速可达 240 公里的宝马应急摩托 K1200GT，时速从 0 到 100 公里仅需 3.7 秒。

相比“见不到交通事故”的传说，其实更靠谱的说法是“见不到拖车”。我们在国内进行救援时，最常用的是拖车，但德国人显然不太愿意用这种速度慢又占地方的大家伙。如何做到尽量少用拖车？现场处理完不就行了吗？如果是车辆出现故障，大多数修理工作都会在现场完成，而不会借助于拖车。

我曾亲眼见过德国高速上的事故现场，恰好没有拖车，也没碰上直升机，只有两辆奔驰救援车，外加一辆摩托车。奔驰救援车很酷，现场很干净，事故车貌似仍可开走。不得不说，对德国人的高速处理速度和架势，能有这样一瞥的机会，已经十分难得。

“路权”概念约束交通强过红绿灯

非高速公路似乎更能体现德国人高度文明的驾驶习惯以及欧洲早已完善的交通规则。德国的普通公路，两侧常常是一望无际的原野，视线极为开阔，你在直道行驶时，时常可以见到有车子以极高的时速从岔路上飞奔而来，这样的交叉路口既然非市镇中心，也不会有红绿灯。如果在国内，不管对方是直行、右拐还是准备左转，你恐怕都得下意识地将脚放在刹车上时刻准备着，以免对方突然冲出来造成事故。但在德国，你会发现没有任何车辆会因此而减速，因为，不管岔路上开过来的车子是怎么样的时速，是超豪华跑车还是人见人怕的大货车，它们都会在路口乖乖停住，不管有没有红绿灯。

司机们为什么那么乖？是因为有无处不在的摄像头吗？不是，这类路口压根就不会有摄像头。约束司机们的东西有两个，一是欧盟和北美均在使用的路权概念，一是自觉。

据说，中国的交通标志基本由西方引入，唯独缺了“路权”中的先行权概念。这个被忽视的概念，恰恰是目前国内交通最需要的概念。

“路权”概念其实很简单，每逢路口，只要你见到黄色矩形标志，即代表你有路权，可以通行，与此对应的是，其他路口则面对一个红色倒三角标志，即代表你没有路权，必须让行。在规则内，一般是岔路车辆必须尊重主干道车辆的路权，等待进入环岛（即转盘）的车辆必须尊重已进入环岛车辆的路权。在国内交通标志中，引入了红色倒三角的让行标志，但偏偏缺了黄色矩形的先行权标志，所以，有先行权的车压根不知道自己的权利，让行的车未必让行，使得每个没有红绿灯的路口都存在交通隐患，还大大降低了路面效率，造成拥堵。

这看起来很简单，但如果你是一个饱受国内交通之苦的司机，稍微细想一下就会知道这个概念的作用。在国内开车，每逢十字路口或环岛，只要没有红绿灯，就很容易出现你争我抢，最后乱作一团，谁也开不出去的情况。如果路权概念深入人心，再配合有效的管理手段，道路必将大大顺畅——摄像头和红绿灯当然有用，但那只是被动的手段而已，如果不能提高国内司机的整体驾驶素质，就是治标不治本。

有时，你还可以见到“Stop”标志，这就需要停车至少 3 秒确认无风险后通过，这个概念在北美和欧盟都有，只是叫法不同。去年有 4 名中国游客在美国自驾时，就是因为无视“Stop”标志，强行驶出路口引发车祸，4 名游客均在事故中身亡。

车、道、人都达标，62% 的高速路段不限速

关于德国的“经典谣言”中，“青岛下水道油纸包里的零件”和“德国高速不限速”可算是“交相辉映”，寄托了人们的许多美好想象。但实际上，德国高速仅仅是部分路段不限速。根据德国 ADAC（一家汽车俱乐部）2013 年的数据，当时德国高速有 62% 的路段不限速。

但即使如此，德国也是全球高速不限速比例最高的国家。平时温文尔雅的德国人，一开起车就如同上了赛道，个个风驰电掣，即使你以 160 公里的时速狂奔，人家仍一辆接一辆超你没商量。按照很多人对驾驶的理解，“快”

德国仅一部分高速不限速，即使是不限速的路段也会设定一个建议速度。

就是灾难之源，但在如此追求速度的德国，我历次自驾只见过一宗车祸，还只是轻微追尾。据资料显示，即使在交通事故发生率很低的欧盟，德国都是相对更安全的那个。

限速其实是高速最常见的管控方式，但它与摄像头、普通道路的红绿灯一样，都属于治标不治本的手段。甚至可以说，限速不意味着安全，不限速也不意味着不安全；同样，限速不意味着规矩，不限速也不意味着不规矩。根据我的自驾经验，荷兰也许是欧盟内部驾驶规矩最差的国家，我曾见过几例占据超车道超过一分钟的情形（当然，像加塞、右线超车、乱按喇叭等恶习，我在欧盟内部从未见过），可它偏偏是摄像头最多、限速最为严格的国家，这也从侧面印证了堵不如疏的道理。

不限速需要底气，德国人恰恰有这样的底气。除了开车规矩之外，德国高速的路况和德国车的质量也是关键。我每次去欧洲自驾，因为考虑停车方便等因素，习惯租小车，可不管是什么品牌的小车，在高速上轻轻松松都能突破 160 公里的时速，这是因为道路设计十分平缓，铺得厚实，而且车辆性能极佳的缘故。

当然，即使是不限速的路段，其实也有一个建议速度，即时速 130 公里。如果驾驶者在超过这一时速的状态下发生事故，即使没有主观失误，也需要承担一部分责任。

高速路上不见广告牌

几年前的冬天，我在匈牙利自驾。高速公路的状况自然比不上德国，偶尔还能见到补丁路。但西部一路车少，只有过了塞克什白堡，通往布达佩斯时，才见到密集车流，所以路十分好走，加之两侧平原既有原野，也有丛林，散落着一些色彩单调却安静的小村，偶尔经过市镇，也有别致风味，所以即使旅途漫长，也不觉乏味。

开着开着，突然见到路边有个广告牌，上面有只很可爱的猪，还有一堆香肠，有箭头指向旁边村落，虽然看不懂匈牙利文，但也大致知道是附近农

德国的高速公路不设置广告牌，是为了避免司机分心。这既保护了司机，也成了交通事故发生率持续走低的决胜法宝。

场的香肠广告。又走了几十公里，经过一段高速，虽然也是封闭路段，但两侧都是田野，与道路高度差不多，栏杆也不高，结果又见到几个广告牌，都与红酒有关，看来附近是不错的红酒产地。

正当我们就广告牌的内容讨论，还商量着要不要根据路标指示去那些村镇看看时，我突然发现了一个问题：我有多久没见到这样的广告牌了？

在那次旅途中，抵达匈牙利之前，我先在德国转悠了多日，再经奥地利前往匈牙利。我突然意识到很久没见过这样的广告牌，是因为德国高速公路压根就没有广告牌。

在中国的高速公路上开车，广告牌可算是一个接一个，地区经济越发达，广告牌越密集。它甚至是很多人衡量中国经济冷暖的晴雨表，如果有大量广告牌白茫茫一片，或者写着招租字样，那就意味着经济低迷。

但在德国，你别想见到这样的广告牌。甚至连服务站的各种招牌，你也别想在近距离的路边见到。完善的高速公路服务站有餐厅、加油站、咖啡馆甚至快捷酒店，当然都需要大型招牌，但服务站并不紧靠公路，而是要由匝道深入进去，所以也不会在路边见到招牌。当然，你也无须担心错过，德国人会把这类招牌做得高高的，离很远就能发现。

之所以不在路边设置广告牌，是因为要避免驾驶员分心。当然，没有广告牌，警示牌倒是不少，除了各种交通标志外，还不时提醒你要系好安全带、控制好速度……

德国高速公路的通畅和低事故率，真的不是无缘无故。

平均每 14.7 公里就有一个休息区

德国的高速服务区分为两种，一种是标准配置，另一种可算是简易版。

所谓标准配置，就是拥有加油站、专门的停车休息区、超市、餐厅和咖啡厅，有些还拥有酒店。至于简易版，则只有停车休息区，无服务人员。

根据我的观察，标准配置的服务区每隔 30 公里左右就有一个，简易休息区则穿插其中，大概每隔 10 公里左右就会有一个。在国内开车，幼儿的如厕问题常常令人犯难，需要常备空矿泉水瓶，但在欧洲高速上完全不需要担心这个问题。

服务区都紧靠高速公路，沿途会有相关提示，提前进入匝道即可。值得留意的是，因为欧洲高速上大货车特别多，多数国家规定了大货车司机的最高行驶时间，达到规定时限后必须休息才能再上路，德国等国家还规定大货车不可于周末上高速，因此大货车对服务区的使用率最高。因此，针对大货车载重大、惯性强的问题，这些简易服务区的地势多半都高于高速公路，货车进入匝道时，必须要走一个上坡，可以顺着坡度减速，增加安全系数。离开服务区时，又可以顺着下坡加速进入辅路（欧洲高速服务区出口的辅路一般都很长），提早进入高速的行驶状态。

不管是标准服务区还是简易服务区，大货车和小车均分区停放。简易服务区一般以小草地分隔两个区域，一边停大货车，一边停小车。车位都是斜线，方便进出。而且最靠近洗手间等设施的车位，一定是残疾人车位。

根据我的经验，老牌资本主义国家的高速公路简易服务区更简单一些，地方也狭窄，多半只有几十个停车位、几个厕所以及垃圾桶。这是因为它们

德国高速的简易服务区，每隔二三十公里必有一个。

的高速公路发展较早，但因为眼光具前瞻性，设置密集，应付如今的庞大车流仍无任何问题。

相比之下，前东欧国家的高速公路简易服务区就“豪华大气上档次”了。因为大多数高速公路都是 20 世纪 90 年代后新修建的，所以除了道路普遍宽阔外，设施也更新。

这种差异在德国体现得特别明显，前西德地区经济更为发达，但有些老高速公路并不宽阔，反倒是前东德地区，虽然经济仍然相对落后，但主要高速的状况反而更好。相比简易服务区，德国的高速公路标准服务区设施非常齐全，完全是社区的感觉，你甚至可以在此待上一天，也不会感觉有任何不便。

据我估算，一个标准服务区的占地起码有二三十亩，有些更大。从高速公路拐入匝道后，先是加油站，可以加油、加气、加水。我查过一个资料，称欧洲高速公路的加油站为单向平均 30 公里有一个，最大间距不可超过 100 公里，因为汽车油箱提示加油预警后，一般最多能跑 100 公里。而据我观察，50 公里以上没有加油站的情况都不存在，基本是 30 公里左右便有加油站，估计资料数据已经陈旧。另一个数据也许更能说明问题——德国高速公路上平均每 14.7 公里就有一个休息区。

加油站内附设超市和餐厅，还有欧洲人决不可缺少的咖啡厅。旁边还有洗车场、提供维修和充气的修车行。厕所和洗浴间也是标配，前者不但干净，还有换尿片台等配置，后者是为大货车司机准备的，可谓贴心。有些服务区还提供小型酒店，或者钟点房，长途司机完全可以在这里睡一觉再走。

大小车的停车区也以绿化带分隔，互不干扰，石桌石凳也非常多。同样，最靠近厕所的一定是残疾人车位。如果停车区域和厕所之间有坡度，你不会看到台阶，只有供代步轮椅和童车使用的缓坡。

值得留意的是，加油站品牌不同，配置上也在齐全的基础上各有侧重。有些主打超市，将超市与加油站分隔，商品琳琅满目，不但有常见的食品、饮料、报刊和玩具，甚至连衣服都卖；有些则主打修车，偌大一个修车场，看起来很专业的架势；有些主打住宿，酒店还颇有设计感。可见服务区的建设一方面有官方标准，另一方面也有商家的主动意识。

餐厅一般以快餐为主，有些是加油站自营。有一次，因为所住的乡村古堡酒店不提供早餐，小村又没有现成餐厅，加上还要赶路，我选择在高速服务区吃早餐。我一向讲究吃喝，基本不吃快餐，那还是我第一次在欧洲的高速服务区用餐。只见服务区占地极大，用餐场所与超市连在一起，足足有几十张桌子，而且多是 6 人甚至 8 人桌。餐食分两种，一是简单的自助餐，有面包、沙拉、水果和饮料等；还有一种是点餐，各种蛋糕、面包、汉堡，还有水果、沙拉和饮料。我们将选择的食物放入托盘后，拿去买单。三个蛋糕、一个面包、两杯咖啡和一罐酸奶，共花费不足 10 欧元，性价比很高。也有些加油站的餐食更为简单，以三明治和饮料为主，外加自助的投币咖啡机。还有一些服务区，除了加油站内提供餐食外，还有麦当劳之类的快餐厅，同样安全可靠。

若是暑假赴欧自驾，日照时间超长，晚上 10 点多天才会黑，因此基本没有开夜车的机会。可若是初春前往，偶有风雪，难免遇上夜间开车，对高速公路服务区又会有另一层观感。

每到夜里，高速公路服务区都会亮灯，此时，别致的建筑设计和温暖的灯光便会相得益彰，尤其是在寒冷冬夜里，那暖色调确实可以营造家的感觉。许多服务区的外观配上灯光，都如高档酒店一般，走进去也不会让你失望。

看不见的收费站

德国高速到底收不收费？这是一个经常在网上被争论的话题。

说不收费的人，证据很明显，毕竟你在德国境内见不到任何收费站。说收费的人，证据也有一大堆，认为德国是变相收费。

实事求是的话，应该这样说：德国高速公路收费，但并非以收费站的形式。另外，即使收费，德国人道路支出的绝对值也低于中国人。如果更科学一些，考虑道路支出与人均收入的对比，那德国人更是占尽便宜。

德国高速公路建设初期，也就是纳粹时代，许多人反对国家花大钱兴建这种“奢侈道路”，希特勒便有意动用民间资本。可民间资本的介入意味着将对民众收取道路使用费，但根据当时的德国法律，收取道路使用费是被禁止的。结果，希特勒想出了一个主意：将修建高速公路变成政府的一项失业救济工程，这样既可以减缓失业压力，创造大量工作岗位，还可以用省下来的失业救济金支付工程费用。

战后德国依然坚持免费原则，只是不再需要像希特勒那样曲线为之，而是直接提出高速公路应由政府出资建设，且不收取费用。但与此同时，也遵循“谁使用谁支付”原则，让使用者通过支付燃料矿物税、车辆税以及累加于矿物税之上的增值税，来间接支持高速公路建设和维护。也正因此，德国的油价中超过 6 成为矿物税等税款。

据我所见，近几年德国汽油价格普遍在 1.1—1.5 欧元 / 升，按这几年的汇率计算，折合人民币 8—12 元。如果某段时期，恰好欧元汇率和油价都比较高，每升汽油折人民币价格会达到 13 元以上。

不少人用这个数据来论证德国道路使用费用高，但如果将我们的油价和高速路费综合考虑的话，会发现数字跟德国不相上下，甚至犹有过之。别的不说，你在中国高速公路上走个 200 公里，在收费站掏个百八十元是家常便饭，再加上油耗花费，已是相当可观。

如果再纳入人均收入这一考虑标准的话，就更是触目惊心。2014 年，德国人均月薪达到 3400 欧元，以当时欧元与人民币的 1∶8 汇率比计算，为 27200 元人民币。以这个收入承担比我们还低一筹的道路使用费，你说谁日子更好过？

如果抛开那些变相征收的隐形税费，我们能不能说德国高速不收费？也不行，因为准确来说，是对客车不收费。换言之，大货车还是得缴费。

目前来看，欧盟境内在高速收费问题上主要分为 3 类。一是部分收费并采用收费站形式，代表是法国，还有意大利和西班牙等南欧国家；一是事先购买不同使用天数的高速通行票，贴在车窗上随时以备检查，奥地利、瑞士和捷克等都属此类；还有一种则是不直接收费，仅收取汽油税费等用于建设和维护，其中就包括德国、荷兰、比利时和北欧诸国。

但针对大货车，德国另有办法。2002 年，德国通过《高速公路养路费法》，针对重量超过 12 吨（含挂车）的货车收取高速路费，收费标准因行驶里程、车轴数量、排放等级而异，最低每公里 14.1 欧分，最高每公里 28.8 欧分。

在德国驾车，对高速上浩浩荡荡的大货车队伍难免印象深刻。德国地处欧洲腹地，加之工业高度发达，所以高速公路上的货车极多，经济发达的西部和南部更是夸张。除了本国货车外，法国、波兰、丹麦、瑞士、荷兰、捷克和奥地利等周边国家的货车也不断穿行于德国。大货车对公路的损害程度远高于小车，排放也较大，因此被认为需要承担较多的公路养护费用和环保成本。

但是，压根就没有收费站的德国，怎么对大货车收费？

原来，早在 2005 年，德国政府就建立了基于全球定位系统和全球移动通信网络的全自动公路收费系统。货运公司或者司机需先行注册，给车辆安装定位装置，存储货车重量、车轴数、排放等级和行驶路线等资料，并能接收 GPS 信号、显示应缴费信息。行驶里程和应缴费用会根据车辆的行进情况自动计算并生成账单。如果是偶然使用高速公路的货车，也可以选择单次计费，或者上网登记付费，或者在高速公路休息区的自助收费终端登记付费，德国境内有 3500 个这样的自助收费终端。

有人会说，如果车辆资料都是自行登记，那么会不会有司机填报假资料，比如在车子重量和排放等级上做文章，以此钻空子？又或者干脆不登记，反正高速公路上有那么多大货车，混入其中也没人知道？

答案当然是否定的，一来高速公路上有不少监控，可以在车辆通过时自动检测其定位装置和缴费状态是否正常；二来德国政府还设了不少流动监测点；三来德国人乃至欧洲人在这方面的自觉也是出了名的，毕竟“诚信”二字是他们在社会上的立足之本，一旦有了污点，简直寸步难行，所以很少有人会以身犯险。

值得一提的是，因为收费标准与排放标准挂钩，也促使运输公司选择排放较低的货车。我查到一个数据，截至 2012 年 4 月，德国高速公路上达到最优环保排放标准的货车，其行驶里程占所有货车行驶里程的 76.5%，而在 2005 年 1 月，也就是自动收费系统开始运营时，这一比例仅为 0.2%。

服务区厕所收费小票有他用

简易服务区里的厕所都是免费的，但如果是在标准的综合服务区，厕所多半要收费，价格是每次 0.5 欧元。

这 0.5 欧元可不仅仅是上个厕所就完了，欧洲高速公路的许多服务区其实都是连锁经营，以加油站为中心进行投资，再开设餐厅、咖啡厅、商店甚至旅馆等。德国最常见的就是 SANIFAIR 公司，基本覆盖全德。你如果在加油站厕所门口见到这个标志，那恭喜你，0.5 欧元的如厕费绝不会白花。该公司的公厕相当干净，而且你投币后会收到一张带有防伪条的收据，收据上还有详细说明，告诉你此收据可以抵等额现金，只要是在 SANIFAIR 公司旗下的高速公路餐厅消费，你都可以出示使用。其实，这不就等于我们在国内餐厅吃饭，走的时候拿个票去抵停车费吗？人家还是全德高速通用呢。

许多人说在欧洲上厕所太贵，其实这还真是拿中国人的收入当作基数所致。要知道，厕所的主要使用者是当地人而非游客，以德国 2014 年人均月收入 3400 欧元为例，在高速公路上花 0.5 欧元上个厕所算什么呢？相比之下，德国政府对高速公路服务区的物价也有明确限制，无论餐食、饮料还是其他商品，价格与城市内的超市和快餐厅无异，连味道都没差距。

我第一次对德国厕所有深刻印象，是在慕尼黑的王宫博物馆。那是楼梯

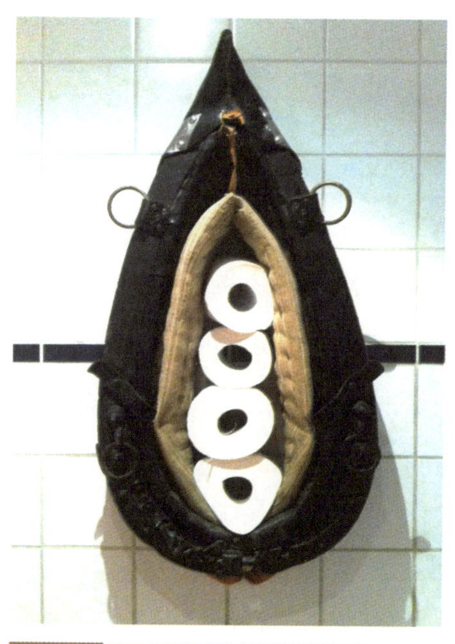

厕所里的卷纸，挂袋很有艺术气质，也不用担心有人顺走卷纸。

有时，德国厕所的设施很有趣，比如这个让你射门的小便池。

间夹层的一个偏僻小房间，在里面连转个身都困难。旁边的架子上摆满一袋袋卷纸，随时可更换。这要是在国内，公厕里哪敢放这个？就连单位厕所都不保险，因为总有些不自觉的人下班时会顺手牵羊。但在有“路不拾遗”美誉的慕尼黑，这一袋袋卷纸就这么大大咧咧放着，毫不担心被顺走。

后来我才知道，这真不算什么。有一回，我驾车经过德国南部。德国以路网发达著称，南部作为经济重镇，路网尤佳，沿途设施也十分成熟，每30公里左右必有加油站和服务区，每十几二十公里必有简易休息区。途中内急，便在一个位处荒山野岭中的简易休息区下车小解。

按理说，这种前不着村后不着店，而且全靠自助、无人看管的地方，往往都是卫生黑点。可这里的垃圾桶整整齐齐摆成一排，地上一点儿垃圾都没有。走进厕所更是吓一跳，几个小间一字排开，里面不但干干净净，而且洗手盆、洗手液、烘手机和卷纸一样不少，仿佛有人随时维护，又像无人使用一般。可是真的没人用吗？当然不是，就在我停车的当口，这里已经停了十几辆车，还有人在外面长凳上吃东西，吃完就自觉将垃圾放入垃圾桶。

当时正值下午，阳光暖洋洋洒进厕所。可这被隔开的一个个小间，除了门就是三道墙，采光怎么会如此之好？抬头一看才发现玄机，原来顶上是玻璃天花板，这足以保障白天的采光，相当节能环保。但奥妙可不仅仅在这里，天花板共分两层，斜顶的玻璃天花板在上层，便于采光，下一层则是金属材质的网状天花板，既不影响采光，又将每间厕所的顶部一一隔开，这显然是出于安全考虑——没看过犯罪片吗？你在马桶上坐着，有人从隔壁墙上冒出来，不是偷你东西就是打你一棍，所以这种网状天花板实乃荒山野岭安心如厕之必备。

值得一提的是，不管是城市内的厕所，还是这种荒山野岭的厕所，德国

厕所里金属材质的网状天花板，方便采光又安全。

人都把配置做到最好。烘手机反应灵敏，风力强劲，抽水马桶的出水极少，但冲击力超强，既能冲刷干净又节水环保，洗手液特别好用，一点点就有大量泡沫。

厢式货车＋锁：高速上的双重保险

在德国高速公路上，大货车可是不可忽视的存在。滚滚车流几乎“霸占”了最右侧车道。但前面说过，德国大货车司机都特别规矩，如无必要绝不超车，超车后立刻回到最右侧车道。也有许多较为狭窄的高速公路，直接规定禁止大货车超车，以确保交通顺畅。

更让我惊讶的是它们的速度，基本保持 90 公里的时速匀速前进。要知道，在中国的高速公路上，大货车不但常常走快车道，还慢悠悠，有些车子的时速甚至只有三四十公里。这当然与车子性能有关，德国的大货车都配备大马力柴油发动机，最高时速设定甚至超过 200 公里，至于品牌，多半是奔驰、沃尔沃和斯堪尼亚这种以安全著称的世界品牌。相比之下，中国的货车质量往往较差，一方面物流需求极大，但另一方面限于成本，货车公司基本不会考虑大品牌的高性能车辆，只在乎低油耗和低价，为了利润而超载的现象也非常严重，车速很难上去。加上司机往往不守规矩，对道路畅通影响极大，危险系数也高。

不过，德国人也有不同声音。地处欧洲中心的德国，无论南北还是中西，都是纵贯线的重要组成部分。比如从北欧的瑞典、挪威到南欧的意大利乃至希腊，德国的南北纵向道路便是必经之路，如果从东欧的波兰、匈牙利等国家前往西欧的法国、荷兰等国家，德国的东西横向道路同样必经。也正因此，行驶在德国高速公路上的大货车，许多来自异国。德国人对本国大货车极为信赖，却对来自南欧和东欧的大货车并不信任，认为这些经济相对较弱的国家（如意大利、希腊和匈牙利等），在货车的品牌和性能选择上并不靠谱，一旦在高速公路上出现爆胎或者死火之类的事情，就会影响整条路的交通状况。类似的骄傲，我在德国人身上还真见过不少。比如租车，一些豪华车型就不允许入境意大利、捷克和匈牙利等国家，因为德国人认为当地治安比德国差远了。其实这也是德国人要求太高，他们认为的治安差劲国家，在我等看来已安静祥和得很。

德国人为了安全，在大货车上可下了不少功夫。比如大货车尾部一律加

德国高速最右边车道上基本都是货车。

装护栏、保险杠、警示灯，以提醒和避免小车意外钻入大货车底部。大货车尾部还会有反光提示信号，左右两侧警示灯在傍晚或雨天必须长明。另外，天色一旦转暗，车灯都会自动亮起，以方便别人及时看到。最重要的是，在德国见不到敞开式货车，一律采用厢式运输，还要加锁，以防止运载物品掉落在高速公路上酿成事故。

德国的大货车司机其实比较辛苦。国家规定了他们的行驶时限，到时间就必须停在服务区休息，不允许疲劳驾驶，但这也决定了他们走走停停，在路上的时间会变得很长。虽然德国高速的服务区设施完善，吃喝拉撒外加洗澡设施一应俱全，大货车上驾驶舱后排也有足够宽敞的睡觉空间，甚至还有电视机，但毕竟不如家里方便舒服。至于收入，其实货车司机的平均月薪并没有达到德国人均水平，不过也达到3000欧元，折合人民币20000多元，以德国的低房价，买个小别墅并不吃力。

低油价诱使荷兰人跨境加油

记得第一次在德国自驾旅行之前，有在欧洲长居的朋友告诉我，一定要选一辆柴油车，因为柴油便宜，而且油耗低。我取车时忘了这茬儿，根本没提出要求。后来加油时险些习惯性拿起汽油的加油枪，好在加油盖打开之后，上面有大大的“Disel”，即柴油之意。

后来查了一下国内旅行网站，不少自驾者都曾有过类似的惨痛教训：错给柴油车加汽油，导致车子坏掉，被迫呼唤租车公司换车，大大耽误了行程。

顺便说一下，如果没有购买全额保险，这类损坏往往需要自掏腰包。在欧洲租车自驾，保险需重点考量。有全额险的车子，租金显然贵一些，但一旦车子出问题，不需要为理赔担忧。如果不买全额险，往往有起赔额条款，租金越低，起赔额也许就越高，比如有些车型，起赔额为 1000 欧元，那就意味着理赔额度超出 1000 欧元的部分，保险才会生效，1000 欧元以下都得自掏腰包，这样的保险几乎跟没有一样，因为只要没有大的事故，只是普通剐蹭，理赔额度怎么也不可能达到起赔额。

所以，如果发生加错油导致车子损坏，然而又没有全额险的情况，租车者就只能自掏腰包，堪称严重大出血。

中国游客加错油的事情屡屡发生，倒也侧面说明了两点：一是在中国，汽油车占绝对多数，以至于许多人概念里的“加油”就是加汽油；二是在德国乃至欧洲，柴油车占比更大，租车时拿到柴油车的概率更高。正是这种差异，造成了一起起“加错油事故”。

欧洲之所以柴油车盛行，显然跟环保有关。柴油较为便宜，而且油耗较低，尤其是路况极佳的德国，城市加高速的综合路况，油耗控制在 5—6 升 / 百公里也并不难，我试过一缸油跑 1000 公里，简直神迹一般。

德国的加油站都是民企，集中了世界各大品牌，如 Shell、Aral、Total、Jet、Orlen、Esso 等，汽油分为 Super Plus（相当于 98 号汽油），Super（相当于 95 号汽油）。德国油价在欧盟内部属于较低水平，柴油为 1.1—1.2 欧元 / 升，汽油略贵。在我印象中，周边国家油价能比德国更低的唯有奥地利，某些地方的柴油甚至只有 1.03 欧元 / 升。相比之下，荷兰可就贵多了，所以不少荷兰人常常跨境加油。

前些年去自驾，欧元和人民币的汇率还在 1 ∶ 8 以上，所以不管柴油还是汽油，折合人民币都在每升 10 元以上，明显高出国内。这两年再去自驾，汇率比变成了 1 ： 7.3 左右，油价不涨反跌，算下来比国内只贵一两元人民币，十分划算。

在欧洲加油都是自助，加完油之后去收银台，把油枪号码告诉工作人员即可买单。有些油站更为简易，采取无人化全自助模式，自行插入银行卡，然后加油、买单。我等游客若是来这类油站，得先看看它支持哪些品牌的信用卡，还有一些更是只支持本国银行卡。

PART 6

大学教育：古老而开放，均衡而完善

蔡元培曾说："大学者，研究高深学问者也。"在德国，成熟完善的大学教育体系和包容开放的学术氛围，为研究高深学问者提供了最大限度的自由。

注重公义包容、推动教育资源均衡

与欠缺逻辑的法国人不同，德国人做什么事情都讲究逻辑。那么，公立大学免费的逻辑又在哪里？毕竟在我们中国人的认知里，大学似乎很难免费。

首先，德国是一个联邦制国家，文化和教育属州级事务，各州有权制定相应的教育政策。按照专家说法，教育政策的惠民程度和体制层级呈反比例的关系：管辖层级越高，惠民程度越低；管辖层级越低，惠民程度越高。因为最高层面上的政府机构不见得特别注重民众感受，低层级政府机构相对更了解民众需求。另外，因为地域不同，各地区民众需求也不同，制定统一政策未必满足民众需求。因此，德国把教育事务下放到州，具有相当的合理性。与此同时，各州也会将民众利益放在首位来考量。注重公义、推动教育资源的均衡，不将教育当作赚钱机器，都成为德国教育的基本理念。

教育免费也因为这种理念而被催生。民众是纳税人，按照取之于民用之于民的法则，政府当然要为教育买单。加上德国政府的所有经费支出都会经过严格审计，而且政府绝不能成为税收的受益者，公款吃喝、公款用车等都不存在，所以经费除用于基本行政开支外，都用于教育、医疗、保险和交通等领域。

在海德堡大学、马尔堡大学、弗莱堡大学……但凡是大学城，你总能看到各种肤色和面孔。有一次在马尔堡大学偶遇中国留学生，攀谈起来才知道，仅仅是这一所高校，就有上百名中国学生。

德国大学的免费制度，不但针对本国学生，也针对留学生，这个在全球范围内都很罕见。

德国政府之所以有此举，是希望通过提高留学生比例来提升德国大学的国际化水平。他们不但对留学生免学费，还为了鼓励大学招收留学生，推出补贴制度。即大学每招收一名留学生，都可得到相应经费。

也正因此，经济相对落后的德国东部地区的大学，更热衷于招收留学生，以获取补贴来弥补经费不足。

从这些年的数据来看，德国大学的留学生比例在 10%—15% 之间，算是相当高，而且一直在增长。德国也因此成为仅次于美国和英国的全球第三大留学目的地国家，含金量很高。

当然，德国鼓励大学招收留学生，并不仅是为了增强大学的国际化水平，还有更深层次的原因。

说实话，德国大学对留学生的补贴制度，其实对财政而言是一个不小的压力。但德国人想得很长远，而且思维也很开放。在他们看来，留学生的到来，必然会带来文化交流和思想碰撞。一个国家不能故步自封，以开放心态接纳外来者，某种程度上就是对本国文化的推动。

另外，德国的老龄化问题很严重，年轻劳动力严重不足。留学生毕业后可以留德工作，这类高素质人才，哪个国家都不会不欢迎。

即使留学生毕业后不留在德国，而是回到祖国，对德国来说也是好事。

因为这将意味着德国文化、教育理念和生活方式的输出，恰恰是软实力的体现。这种潜移默化的输出，对德国制造的出口大有好处。

德国最让人称道的是通过了欧盟高知人才引进法案。根据这一法案，留学生在德国学习，每年可兼职的时间从以往的 90 天增加到 120 天。学生在德国大学毕业后，可以申请为期两年的找工作签证。拿到此签证后，学生可以在找工作期间无限制打工。找到工作后，又可在工作满两年后申请长期居留许可。

综合排名可以不高，专业排名必须超强

德国大学的世界排名似乎与其在欧盟的领导地位不符，但世界排名前一百的名校还是很多，洪堡大学、慕尼黑大学和海德堡大学等都是世界级名校。而且，如果不看综合排名，单看专业排名，德国大学也极为出色。

综合排名不高，也许有德国不是英语国家的缘故。另外，据说德国规定了公立大学教授在一所大学里的工作时限，到期就要流动到其他大学，如果两次拒绝流动就要办退休，这是为了防止大学强弱分化。此举使得德国公立大学的水平基本均衡，但也因此拉低了在世界上的综合排名。

德国教育体系非常完善，职业教育尤其发达，高等教育相当严格，含金量极高。德国的哲学和科学的发达，与古老而稳定的大学体系密不可分。但作为一个游客，我对德国大学的直观印象，却是它的开放性。

于我而言，德国的最重要一站也许是魏玛。在很长一段时间里，因为歌德、

因为席勒、因为李斯特、因为很多很多名垂青史的人物，这个小城都是德国的文化中心。但去这个中部小城之前，我先去了距其仅仅 20 公里的耶拿。

前往这个始建于 1230 年的城市纯粹是好奇，因为这里是德国的光学精密仪器制造中心，大名鼎鼎的卡尔·蔡司就在这里诞生。世界上最早的相机便采用蔡司镜头，许多光学仪器也使用蔡司镜头。

如今的耶拿，除了卡尔·蔡司之外，还有后来居上的耶拿光学公司、生产高质量玻璃的肖特公司、制造太阳能电池硅片的瓦克－肖特公司，以及数十家以研发光学、激光技术为特色的研究所。这个人口只有十多万的小城是名副其实的德国光都，德国出口的光学和激光产品中，超过 40% 产自这里。

耶拿大学，就是这座“光都”的坚强后盾。

这所大学创立于 1558 年，是德国最古老的大学之一，歌德曾称它为“知识和科学的集散地”。1800 年前后的德国古典主义时期，这里成为德国理想主义理论的中心，“耶拿精神”成为一种象征。1934 年改名为弗里德里希·席勒大学，以纪念德国诗人席勒。耶拿大学的光学专业负有盛名，德语专业硕士则被评为德国十大名牌硕士专业。这座大学藏有世界上最古老的城市地图，拥有世界上最强大的激光研究所，脑电波图在此发端。

在光学专业上出类拔萃的耶拿大学，其实也是德国大学特质的一种象征：在求大求全的综合排名中，它们也许不占优势，但具体到某个专业、某个学科，德国大学往往能站在世界顶端。

教学为重、科研其次，重社会责任、轻选拔

德国大学轻选拔，重社会责任，所以在所难免以教学为重，科研其次。众所周知，科研恰恰是评定大学排名的重要参考，也正因为这样，德国大学没有官方排名，也没有重点大学与普通大学之分，每所大学都有自己的特点，在专业设置上都有自己的强项。因为提倡教学资源的平均，所以学校之间没有特别大的差距。虽然有 TU9 以及所谓的“精英大学”，但是其他没有这些项目的很多学校也是相当好的。

德国大学缺乏选拔功能，按照德国的大学法，不管公立还是私立大学，都更像一个福利组织，“要照顾有孩子的学生的特殊需求；要为残疾学生考虑周全，使他们尽可能地不需要外界帮助而就学；照顾到国际学生，尤其是欧盟内部的交换生，考虑国际学生的特殊需要；高校通过履行职责来教育公众”。也正因此，德国大学宽进严出，申请学校相对容易，但毕业率很低。而且本来德国贫富差距不大，也不收学费，穷人要贷款上学，甚至上不起学的状况几乎并不存在。

德国大学都不富裕。不富裕的原因是它们多半都是公立，而且越优秀的大学越是如此。这跟美国和英国十分不同，美国的好大学绝大多数都是私立，英国大学名义上虽是公立，但学校并非国家所有，国家拨款只占收入的两成左右。由于经费有限，德国人就将有限资金用于仪器设备、图书等方面，没有多余的钱折腾那些花里胡哨的东西，更别说形象工程了。也正因此，德国大学的世界排名并不算太高。

另外，德国大学中的综合性院校很少，尤其是理科院校。数据显示，德

国共有三百多所高等院校，大致分为综合性大学、应用科学大学和艺术院校三类。其中最多的就是应用科学大学，这类学校是“二战”后针对综合大学学习时间较长、学习内容偏重理论的特点，特别开设的以培养应用型人才为主的高等院校。这类高校学习时间一般为四到五年。课程设置除必要的基础理论外，多偏重于应用，不设一般意义上的文科类专业。毕业时获得应用科技大学硕士 Diplom（FH）学位。但也因为偏重专业性，在重视综合性院校的国际排名上当然吃亏。

但也正是这样的德国大学，制造了全球最好的人才体系之一。德国理工科大学更是和德国科技一样享有盛名。其中德国九所领先的科技大学，即 TU9，被称为欧洲理工学校的“常春藤”。

学术严格使毕业难度升级

与中国大学不同，德国大学并没有明显的年级区分，也没有规定就读年限，而是采用完全的学分制，只要修够了本专业规定的学分就可以毕业。

也就是说，虽然有象征性规定的学期数，但如果提前拿到了足够的学分，就可以毕业。反之，如果没有拿到规定的学分，即使年限达标，也不能毕业。

许多人都知道，中国大学是严进宽出，西方大学则是宽进严出，德国更是宽进严出的代表。德国所有高等院校都免费向全球学生开放，无须考试，直接申请，自选专业。但进去之后想毕业可不容易，之前有留学网站宣称德国部分专业的毕业率只有 30%，这个数字当然夸大，但据 2012 年德意志学术交流中心（DAAD）和高校信息中心（HIS）发布的年度报告《科学大都会2012》，德国本土大学生的毕业率为72%，各国留学生的毕业率则只有54%。

还有一个数据很有意思，2001年，德国共有20.81万名大学生毕业，他们取得第一学位时的平均年龄居然是28.1岁。一般来说，德国大学生平均要读5.3年才能毕业，综合性大学的平均专业学习年限更是达到5.9年。

据说，德国每个专业都有几门所谓的“杀手课”，很多学生就栽在这上面，连考三次都无法通过，就只能被开除。而且德国的教授不像中国教授那样讲人情，不过就是不过，差一分也不能过。

留学生面对的困难更大，许多专业的基础词汇在德国教科书里都采用拉丁语，堪称巨大挑战，往往需要花上一两年掌握相关基础词汇的留学生们，基本没有可能按时毕业。又如法律和教育等专业，必须要通过德国的国家考试才可拿到学位，更增加了难度。

有意思的是，德国大学没有我们熟悉的学士学位，最低学位为硕士学位，即自然及工程技术科学硕士和人文及社会科学硕士，最高学位为博士学位。与我国的高校体制不同，德国的大学没有“博士点”的概念，所有的大学教授都可以是博士生导师。从理论上讲，凡是获得硕士学位的学生，都可以在德国大学申请攻读博士学位，通常不需要进行资格考试。但前提条件是申请人必须成绩优秀，还必须先找一个德国的博士生导师。

政要、院士、诺奖获得者大学养成

背对着慕尼黑最中心的玛利亚广场，从铁阿提纳教堂向北出发，沿着宽阔大道前行，便可见到这个所谓的校园。途中向一个年轻女孩问路，一望而知是学生，她当然告诉我们没有校园，但要想看学校的几栋老建筑，再直行一小段便到。

很快，便见到一栋略呈弧形的白色建筑，二楼的半圆形窗户上方有一个个头像，看架势是纪念先贤。建筑很长，门前有弧形石板路，还有一片草地。从拱形长廊走进去，无人拦阻。穿过这栋楼，便可见到内里乾坤。

这是一个由七八座建筑围绕的大院子，有点像我们心中学校的模样。这些建筑有不同时代风格的老建筑，也有近年来充满设计感的新建筑，偶有学生从院子里穿过。

从地图上来看，这里的老建筑就是慕尼黑大学最早期的建筑。这座始建于 1472 年的大学，在 19 世纪初为了纪念学校创始人 H. 路德维希大公和后来的马克西米利安一世，改名为 Ludovico Maximilianes，后来又将这个拉丁文的名字更改为德文的 Ludwig Maximilian Muenchen Unitversitaet，即路德维希马克西米利安慕尼黑大学。

这所大学曾走出 36 位诺贝尔奖得主，其中 13 位为在校期间获得。仅仅是诺贝尔化学奖得主，从慕尼黑大学走出的便有 14 位，时间跨度从 1902 年到 2007 年。诺贝尔物理学奖得主同样有 14 位,时间跨度从 1901 年到 2005 年。此外，还有 7 位医学奖获得者。“二战”后的德国复兴之父、前总理阿登纳曾在法学院和经济学院学习，这里还诞生了 3 位前总统、1 位前总理，此外还有

1 位前希腊总理、1 位前立陶宛总理、1 位前欧共体主席……

作为一个中国人，更感亲切的是，慕尼黑大学曾经培养出 6 位中科院院士，其中包括中国病理学奠基人之一梁伯强，神经科学和生物物理学家郭爱克，分析化学家梁树权，认知科学和实验心理学家陈霖，中国外科之父裘法祖，有机化学家、中国抗生素研究先驱汪猷。中国第一位女数学博士、曾在“二战”初期拯救过数以千计的犹太人的徐瑞云，被誉为“中国辛德勒”的何凤山也都是该校毕业生。

不过，在这个校园里，你见不到那些诺贝尔奖得主以及政治家们的纪念碑或雕像，即使是阿登纳这位对当代德国影响最大的人物也没有任何痕迹。在一块草地上的一棵大树下，有一座小小的石碑，陈旧斑驳，无论头像还是字迹都有些模糊，全无修葺，这是校园里唯一的纪念碑。

碑上的名字是“KARL GAYER”，孤陋寡闻如我，自然不知道他是谁。后来查资料才知道，他是“近自然林业理论”的创立者，德国林业科学先驱。

所谓近自然林业，是现代林业的基本模式，本质特征是自然林系统和人工林系统的生态平衡，这一理论是世界林业科学的基础。

欧洲工业革命一度造成生态危机和木材危机，到了 18 世纪末，德国森林资源蓄积量降到历史最低点，人们不得不反思固有观念。19 世纪初，德国开始以人工造林的方法来恢复失去的森林资源，使森林面积不断增加，但树种单一又导致森林稳定性差、抗灾能力弱。19 世纪 80 年代的风灾和大气污染曾导致德国近 2/3 的森林受到损害。因此，德国林学界认识到人类应该依照森林的原貌来保护和建设森林，要正视自然规律。1898 年，卡尔 · 盖耶尔在对残存的天然林进行研究后，提出“近自然林业”理论。

盖耶尔出生于 1822 年，高中时成为孤儿，继承遗产后前往慕尼黑理工学

老校长的石碑长住此地，靠的不是权力，而是学术和品德。

院学习建筑和数学。1843 年，由于经济原因，他不得不放弃学业，成为一名护林员。1845 年，他成为一名林业精算师，1851 年升任区林务官，1855 年任巴伐利亚皇家林学院教授。1878 年，他获得慕尼黑大学会计系名誉博士学位，并被任命为负责林业生产教学的全职教授。1889 年，盖耶尔开始担任慕尼黑大学校长，1892 年退休后仍继续担任枢密院议员并完成了多部林业专著，直到 1907 年病逝于巴伐利亚。

这座纪念碑上的文字，便简单记录了他从一名护林员成为林学家、经济学家和作家的过程。

与许多人想象的不同，校长在德国大学里的权力不像中国这般大。所以，老校长的石碑尽管长住此地，所倚仗的也非权力。

那时的慕尼黑大学已经是教授治校的典范。从 19 世纪初起，慕尼黑大学逐步形成了民主管理的制度。目前，学校议事决策的权力机构是评议大会，其成员由民主选举产生。在一届的与会代表中，教授代表为 36 人，其他学术人员代表为 12 人，学生代表为 12 人，非学术人员代表为 6 人。校长等校务领导委员会的 5 名成员也是评议大会的成员。评议大会的成员每两年选举一次，其中学生代表每一年选举一次。

此外还有评议会，是评议大会休会期间所设的常务机构，其成员包括：教授代表 12 人，其他学术人员代表 4 人，非学术人员代表 2 人，各团体都按评议大会代表 1/3 的名额选出评议会成员。此外，校务领导委员会 5 名成员，也是评议会的成员，参加日常会议。

各种人员在评议大会和评议会中的比例，是根据巴伐利亚州《高等教育法》中规定的比例而设置的，教授多于其他人员的总和。即所谓“教授治校”。另一方面，让学生参加学校的管理，学生的比例和其他学术人员相同，多于非学术人员。大学的机构设置、课程安排、活动组织都倾听学生的意见——这是“学生本位”制的体现。

校长的职能是领导校务委员会的工作，同时统筹、协调全校各个学院的教学科研工作。几百年来，当选的校长一般都是德高望重的教授。学校校长不是纯行政职务，只是“兼职”，任职期间仍不放弃教学和科研，从校长职位上“退休”后，还回到学院或研究所去继续从事他的本行。

海德堡大学：自由主义与学生监狱

在德国城市里，海德堡的颜值足以排在前三。与这座城市的初见，是一个阳光灿烂的下午。驾车沿河进入老城，秀美的两岸让我瞬间喜欢上了这座城市。

歌德曾说，海德堡是他把心遗失的地方。荷尔德林则说，海德堡是他见过的最美的德国城市。马克・吐温也曾写道，他从来没有遇到过一个地方，如此充满平静与迷人的魅力，海德堡给人一种不可超越的美感。结果，本来计划只在海德堡停留一天的他，在这里待了整整一个夏天。于我而言，海德堡是那次旅途中的重要一站，而海德堡大学则是这座城市的重点。

海德堡大学始创于 1386 年，是德国最古老的大学，是德国浪漫主义与人文主义的象征，世界排名第 59 位。

古老的海德堡，却因为同样古老的海德堡大学的存在，变成了德国最有活力的城市之一。也只有在海德堡这样的大学城里，你才会见到那么多年轻人的存在。

作为德国最著名的旅游城市之一，它喧嚣热闹，但更重要的是，无论你走在哪条街道上，都可以见到年轻人的存在。他们或步履匆匆，或骑行而过，或在咖啡厅前闲坐，或在广场上看书……

傍晚，广场上行人渐多，许多学生聚集在这里，三三两两聊天。这里曾是海德堡大学乃至这座城市的风云之地。1518 年，马丁・路德就在这里与天主教守旧势力激烈辩论，他的宗教改革运动深刻影响了海德堡大学。1556 年，海德堡大学从天主教教会学校转为新教学校。

海德堡是德国最美城市之一，也是最好的大学城。

直至今天，大学广场仍然是海德堡大学的核心。大学博物馆、音乐厅、新教学楼和大学图书馆等散落在城市周围。

海德堡大学是幸运的，在公立大学免费的德国，各州经济状况往往决定了大学的经费多寡。而海德堡所在的巴登－符腾堡州正是德国最富裕的州之一，教育投入也因而巨大。这股“豪气”甚至可以上溯到200多年前，1802年，海德堡被划入巴登－符腾堡州。当时，为了让光谱分析发明者、化学家本森留在海德堡任教，州政府甚至专门为他建造了当时欧洲最好的化学实验室。那段时期，它还接纳了哲学家黑格尔和医学家马克西米利安·约瑟夫·冯·切利乌斯。

也是从那时开始，海德堡大学被自由主义所照耀，直至今日。尤其是马克斯·韦伯和恩斯特·特罗尔切所倡导的跨学科对话精神，更是让海德堡大学成为德国真正意义上的学术中心。尽管在纳粹德国期间，海德堡大学曾遭波折，但“二战”后很快便恢复元气。

这与海德堡大学的自由传统分不开。早在 1849 年，海德堡神学系曾经给一个逃难到海德堡的美国黑奴詹姆斯·彭宁顿颁发了荣誉博士学位。同期的美国，连教黑人读书写字都是非法的。

这座自由的大学，据说素有放养传统。学生初来乍到，往往很不习惯，每个环节似乎都无人安排，但时间长了就知道，这是海德堡大学的传统，一切由你自主。

至于校园，就这样散落于海德堡市内，老校区在内卡河南岸，新校区在内卡河北岸，12 个学院散落不同地方。师生们就这样穿行于街巷之间，将生活融入这座城市。

就在这日复一日的穿行中，这所大学涌出了 56 位诺贝尔奖得主。

要探寻海德堡大学的自由传统，最好的地方当属“学生监狱”。

什么？监狱能体现自由？这二者不是完全相反的吗？海德堡大学告诉你，未必。

始建于 1712 年，一直使用到 20 世纪初的“学生监狱”，如今已是海德堡的必游景点之一，每年接待游客 500 万人次。所谓监狱，其实仅仅是当年的海德堡大学校方处罚调皮捣蛋学生的场所。

在建筑宛若童话的海德堡，“学生监狱”这座陈旧三层小楼并不起眼，不过当年的学生，可是拿这里当乐园呢，每间房都被冠以“皇家饭店”“皇宫”之类的名号。

为啥会有这座学生监狱？这得从 18 世纪说起。当时入学的学生年纪偏小，喜欢调皮捣蛋，比如经常在深夜打烂路灯，驱赶居民养的猪。又因为年纪小，警察管不了他们，所以只能学校出马教育，于是便有了这座学生监狱。违反纪律的学生要按情节被关两到四周，白天可以去听课，下课就得乖乖回监狱待着。可是校方也没想到，“狱友”们相处甚欢。他们把所有的墙壁都当成了涂鸦之所，写下自己的姓名和被关日期，还有自画像和诗句。许多留言都很经典，比如“既然我们是诚实的孩子，为什么还被关到这里？因为我们在街上捡了 5 块石头，并且扔到了警卫室里，我们承认了所作所为，于是就被法警抓到了这里。因此，我们成为了‘诚实’的牺牲品”。

据说后来还有不少学生故意犯错，就是为了进监狱体验一下，其中就包括来海德堡游学的马克 · 吐温。

其实当年的德国大学多有此“监狱”，不过保留下来供后人参观的，唯有海德堡大学这一处。1914 年，学生监狱不再启用，反倒成了景点。

从学生们“前仆后继”地涌入学生监狱来看，海德堡大学确有自由传统。

弗莱堡大学：真理必叫你们获得自由

弗莱堡主教学楼下有这样一句话：“真理必叫你们获得自由”，倒也贴合这座城市的名字和气质——在德文里，弗莱堡的意思就是自由之堡。

在弗莱堡大教堂广场旁的餐厅吃着晚饭，听到一阵强劲的音乐声和喧嚣声从教堂另一侧传来。

此时正是夏日傍晚，许多人优哉游哉走来准备吃饭。以德国人的性子，一般不会这么狂热，除非碰上足球比赛。可眼下德甲、欧冠都已结束，又不是世界杯年和欧洲杯年，一群人在嚷嚷个啥？

我一时好奇，吃完饭就沿着教堂绕过去，发现原来是一场音乐会。小小的舞台，一群年轻人玩着吉他、键盘、架子鼓，台下聚集了两三百号人，基本都是年轻人。

在老龄化的德国，能一下子见到这么多年轻人的场合，唯有大学城。弗莱堡就是大学城，弗莱堡大学的历史也超过 500 年。

1457 年，公爵阿尔布莱希特六世建立弗莱堡大学，这是德国最古老的大学之一，原本是为执政者及教会培养法学和神学的后进人才。

17 世纪时，弗莱堡大学成为天主教神学的中心，特蕾莎女皇时期，学校开创科学学科。1871 年，德意志帝国成立后，弗莱堡大学开始大量吸引来自北德的学生，学科和学生人数在 18 世纪 80 年代迅速增加。在“一战”前，学生已达 3000 多人。1898 年，弗莱堡大学开始允许女性进入大学读书。19 世纪初期，大学开始兴建新的教学楼，有意避开集中的建校观念，将大学分散有序地建立在弗莱堡的老城和周边地区。如今，这座大学已拥有 3000 多名教职员工和 20000 多名学生。

在弗莱堡溜达，是一件特别舒爽的事情。大量的步行区，又是德国环保之都，而且有黑森林加持，绝对惬意。

走走停停，坐在路边喝个饮料也是不错的选择。正喝着呢，有几个年轻人一路乐呵呵地派起了传单，即使我这种东方面孔也不放过。看不懂德文，问了问才知道，他们在推介自己的电视台。

别意外，在弗莱堡这座大学城里，有许多学生成立的电视台和电台。

傍晚的弗莱堡，是大学生的世界。

在《泰晤士报》的世界大学 2017—2018 排名中，弗莱堡大学位列世界第 82 位，为世界一流名校。这座没有围墙的大学，与弗莱堡一样汲取了黑森林的灵气。学生极为自由，也乐于发声，办个电视台和电台，实在是小儿科。

这所大学走出了 19 位诺贝尔奖获得者，大半出自学校最强的学科——医学院，所获当然也是医学奖，然后获奖者最多的则是化学奖。魏斯曼的“种质论”奠定了现代基因研究的基础。赫尔莱茵在这里发现了心脏房室阻滞的病理，促使了心脏起搏器的诞生。科勒研制的单克隆抗体，使人类增强了免疫能力。施陶丁格的高分子化合物理论促成了化纤和塑料的诞生。

在人文领域，弗莱堡大学同样不弱。胡塞尔在这里创建了现象学派。海德格尔 1909 年在这里就读，随后任教，直至 1959 年退休。韦伯也曾在此任教。

对战后德国来说，弗莱堡大学简直是一盏明灯。任教于该校的瓦尔特·沃伊肯，也就是弗莱堡新自由主义经济学派的创立者，在这里提出了社会市场经济体制改革理论。德国“二战”后的经济奇迹，就是以该学派的该理论为依托。凑巧的是，于 1949 年至 1963 年担任西德第一任总理，主导德国经济奇迹的阿登纳，也是弗莱堡大学的校友。

自由二字，贯穿弗莱堡大学 500 多年，直至今日。

没有围墙束缚大学

在中国，高校资源往往集中于一线大城市，但在欧洲，大城市里当然也有好大学，德国慕尼黑大学便是典型，但当年欧洲人更喜欢找一个美丽安静的小城镇建立大学，甚至小城镇即大学，剑桥牛津如此，德国的许多名校也是如此。一个十几万人口的小城，大学生往往占全市人口的一半以上，一些城市甚至以大学为灵魂，成为名副其实的大学城。

即使是慕尼黑大学、洪堡大学等位于大城市甚至中心城市的大学，也从来不会圈地建围墙，而是在建校之初就沿街而建，或者租用城市原有建筑，与市政交通、规划连为一体。从慕尼黑到海德堡，从科隆到莱比锡，从马尔堡到亚琛，从明斯特到弗莱堡……我走过许多大学城，从未见过一个封闭而完整的校园，也很少见到正式的校门。倒是在行走之间，常常于街头巷尾邂逅一栋或大或小的建筑，惊喜地发现它是大学的某个院系。所以，整座城市

德国大学的草地成为一处迷人的所在。坐着看书的男男女女、弹唱的学生乐队，无一不体现着自由、包容和开放。

都是大学的校园，各个院系、教学楼和图书馆散落在学校各处。街头总有骑着自行车的年轻学生驶过，草地上总有聚会弹唱的学生乐队。此情此景，尽管我见过无数次，却总也看不够。

这是一种传统，也是一种开放。

也正因为开放的校园，学生得以完全融入社会，既没有有形的墙束缚自己，也没有内心的围墙。人们也可以自由进入学校，可以自由听课，可以使用学校的图书馆（虽然没有借书证就不能把书借出来）。

在见过很多次德国的大学后，我才想到这样一件事：学生们都住哪里？

中国大学都有校内学生宿舍区，偶尔有在校外的，也很靠近学校。这些宿舍收费都很低廉，说白了就是集体宿舍。欧洲大学可没有这样的宿舍，有一些学生公寓，以单人间为主，价格略低于市场价格，但仍然比国内大学宿舍要高得多。而且，因为这类公寓极其有限，学生需要排队申请，可能你入学时申请，毕业了还没排到。所以，欧洲大学生的主流选择是入住合租公寓。

德国当然也是如此，但德国的优势在于低物价和低房租。去英国留学过的人都知道，住宿这笔花费可真是高昂，但在德国基本没有这样的问题，三五百欧元一个月是常态。而且德国大学生都需要购买德国公立保险，每月费用大概 86 欧元，可享受医疗保险。加上德国学校基本不收学费的巨大优势，很多欧洲人都会选择前往德国上学。

除了低房租之外，其他方面的福利也挺多，但跟国内区别挺大。比如饭堂，尽管中国和德国大学的饭堂都有优惠价格，但国内大学饭堂提供三餐，德国大学因为没有封闭校园和学生宿舍区，所以只提供午餐，就餐时间也严格限制。不过即使在校外吃，花费也不大，毕竟德国在发达国家里以物价低著称。

在交通方面，德国大学生享受的福利真是让人眼红。中国大学生凭着学生证，可以享受每学期两次的两点固定半价火车票，还有不少特价机票可以选择。但德国大学生除了享有特价机票外，还可以凭借学生卡免费乘坐本州或者本州部分区域内的火车、地铁和公共汽车，尽管最快的 ICE 和 IC 除外，但已经大大降低了学生的出行成本。

FONGHONG
凤凰联动出品